Dieter Balkhausen
Alfred Herrhausen

Dieter Balkhausen

Alfred Herrhausen

Macht, Politik und Moral

ECON Verlag
Düsseldorf · Wien · New York

Bildquellennachweis:

97: dpa; 98: Lutz Kleinhans; 99: oben – Wolf P. Prange, unten – dpa; 100: oben – dpa, unten – dpa; 101: oben – dpa, unten – dpa; 102: oben – dpa, unten – dpa; 103: oben – dpa, unten – Lutz Kleinhans; 104: Herlinde Koelbl; 105: Herlinde Koelbl; 106: oben – dpa, unten – Frankfurter Allgemeine Zeitung; 107: oben – Bilderdienst Süddeutscher Verlag, unten – dpa; 108: Bilderdienst Süddeutscher Verlag.

CIP-Titelaufnahme der Deutschen Bibliothek

Balkhausen, Dieter:
Alfred Herrhausen: Macht, Politik und Moral / Dieter Balkhausen.
2. Aufl. – Düsseldorf; Wien; New York: ECON Verl., 1990
ISBN 3-430-11144-7

2. Auflage 1990
Copyright © 1990 by ECON Executive,
ECON Verlag GmbH, Düsseldorf, Wien und New York.
Alle Rechte der Verbreitung, auch durch Film, Funk und Fernsehen, fotomechanische Wiedergabe, Tonträger jeder Art, auszugsweisen Nachdruck oder Einspeicherung und Rückgewinnung in Datenverarbeitungsanlagen aller Art, sind vorbehalten.
Gesetzt aus der Méridien, Berthold
Satz: Dörlemann-Satz, Lemförde
Papier: Papierfabrik Schleipen GmbH, Bad Dürkheim
Druck und Bindearbeiten: Becker Graphischer Betrieb GmbH, Kevelaer
Printed in Germany
ISBN 3-430-11144-7

*Zur Anregung gedacht,
sich gesellschaftspolitisch zu engagieren,
nicht nur den Wachstumskarren
zu ziehen*

Inhalt

Vorwort 13

1. Kapitel:
Goldgeränderte Bilanzen und moralischer Kredit 15
Macht und Charakter 17
Die Wahrheit über viel Macht 19
Die Bank als sein Instrument? 21
Spannung zwischen Macht und Moral 24
Oberhalb jeder Konjunktur:
die Deutsche Bank 25
Die Würde der Normalität 27
»Der Herr des Geldes« 28
»Omnipotenzanspruch« der Nummer 1 31
Die werteschaffende Gesellschaft 32
Geldschatten und ethische Verpflichtung 36
Kontra Managementtabus 38
Gegen Larmoyanz im Unternehmerlager 42
Bindungen und Fluchten 44

2. Kapitel:
Drei Tischgespräche: die erste Bewährungsprobe 47
Der Seiteneinsteiger 48

Eine Kraftprobe 49
Die Macht der Bank 50

Die herausragende Figur auf dem Schachbrett 52
Die Perspektive der großen Welt 54
Bankenmacht und politische Machtfrage 55
Die Deutsche Bank: ein säkularer Orden 56

Warum wir »political animals« brauchen 58
Die merkwürdig unpolitische Haltung 60
Die Klage über zuviel Staat
und das eigene Versagen 61
Fassadismus der Macht 62
Vor seinem Hausbankier ist keiner groß 63
Sachverstand und charakterliche
Qualifikation 65

3. Kapitel:
Die Unter-uns-gesagt-Gesellschaft 67
Die Verantwortung der Elite 70
»Illusionäres Wachstumsdenken« 70
Das größte wirtschaftspolitische Unglück 72
Die Wohlstandsroutine 74
Der Staat – das sind wir selbst 77
Die von Anfang an geschwächte
Marktwirtschaft 80
»Keine bloße Einigung über Ziele und Ideale« .. 81
Helmut Schmidt über den Bankier
und Redner 82
»Leider viel Mittelmaß« 84
»Die politische Klasse« 85
Nur ein bißchen Demokratie 86

4. Kapitel:
Eine Kraftprobe à la Machiavelli –
Im Schuldenturm: Schuldner wie Gläubiger 87
Die doppelte Schuldenkrise 89
Der Bankier vermeidet Politikschlagzeilen 91
Mexikos Präsident gibt den letzten Anstoß 92
Der gestörte Kreislauf des Geldes 95
Alfred, verdirb es nicht mit deinem
Publikum! 96
»Nobody likes bankers!« 110
Im Teufelskreis 112
Mit harten Bandagen 117
Mut und Schweigespirale 119
»Schuldennachlaß – aber keine Streichung« . . . 121
Wer steckt den Stöpsel in die Wanne? 123
»Ein Hoffnungsstrahl für andere
Schuldnerländer« 125

5. Kapitel:
Lieb' Marktwirtschaft, magst ruhig sein? –
Im Kreuzfeuer der Kritik 129
Der Kanzler bleibt stumm 131
Der goldene Schnitt? 132
Lambsdorffs Kabalen 134
Gespräch über einen Spitzenpolitiker 136
Über die Weltökonomie:
Jedes Dorf reflektiert den Weltmarkt 137

6. Kapitel:
Unternehmer und Journalisten:
Kritik an den Medien – Kritik an sich selbst? 141

Information und Vertrauenskapital 142
Die vierte Gewalt? 143
Sein Plädoyer für Reformprozesse 150

7. Kapitel:
Die Bank in Hochspannung:
Umorganisation und Managementtabus 153
Das unpopulärste Thema 154
Die Bank verdient hauptsächlich
am eigenen Vermögen 155
Knackt einer die Bank? 159
Die Grenze seiner Souveränität? 161
Nur große Persönlichkeiten können
umkrempeln 162

8. Kapitel:
Managementtabus und ihre Folgen 165
Der Hierarchiestau 167
Das Tabu Macht 168
Die Unkultur der nichtoffenen
Kommunikation 170
Das Führungsvakuum 170
Das typisch deutsche Kommunikations-
verhalten 172
Gezüchtete Schweigespiralen 173
Der scheinmoralische Anstrich 174
Lagergeschwätz und Glaubwürdigkeitslücke ... 175
Das Wegverschweigen und die bitteren Folgen . 176
Dritte industrielle Revolution kontra
Herrschaftswissen 178
Imageprobleme und ihre Folgen 180

»Innovationsresistenz in den Führungsstilen« .. 181
Stolz auf Macht, Größe und Perfektion 182
Strategien gegen aufstiegsfähige Talente 183
Die abgeschotteten Kontakte 184
»Strategische Aufbruchphase« 185
Demokratische Machtlegitimation 186

9. Kapitel:
Muß Macht denn Sünde sein? 189
Kniffe und gewagte Geschäfte 190
Ein üppiges Feld für Agitation 191
Die Geldschöpfer 193
Das ordnungsbedürftige Geld 194
Beispiele für Machtausübung 195
In der Art eines Dichtermärchens 196
Vieles wird nach den Regeln der
Deutschen Bank gespielt 199
Die Macht der kombinierten Kräfte 201
Insiderwissen und Informationsvorsprünge 202
Die hohe Regulierungsdichte 204
Old Boys' Network 205
Der moralische Kredit 209
Eigentum verpflichtet 215
»Wie Gott in Frankfurt« 218
Das Netz des Nehmens und Gebens 219

Lebensstationen 223

Postskriptum 231

Vorwort

Dieses Buch war bereits im September 1989 für das Frühjahrsprogramm 1990 angekündigt, also bevor Alfred Herrhausen am 30. November ermordet wurde. Die seelische Erschütterung ist wohl bei allen, die ihn gut kannten, ähnlich tief. Es dauerte Wochen, ehe ich meine Abneigung, das Buch fortzuführen, überwinden konnte.

Es war immer als Buch über den gesellschaftspolitisch Engagierten, über den Ratgeber und natürlich den Bankier konzipiert, eingebettet in seine Bewährungs- und Kraftproben sowie in Zeitgeschichte; nicht jedoch der präzise Nachvollzug seines Lebens. Das besonders Widerwärtige dieses Mordes muß man darin sehen, daß sich der Bankier jenen, die versuchen, die Gesellschaft durch einen Terrorakt zu treffen, selber »anbot«, nämlich durch seine leidenschaftliche Bereitschaft zur öffentlichen Kommunikation und zu Reformen, zum Abbau von Vorurteilen und zum Brechen von Tabus; seine Wahrheitsliebe machte ihn praktisch furchtlos. Hierin liegt Alfred Herrhausens Vermächtnis.

Trauer verbraucht sich. Wahrheitsmut, Gesinnung und gesellschaftliches Engagement können in der Erinne-

rung weiterleben, Vorbild für eigenes Handeln sein. Wenn nicht, dann ist dieses Buch nur die Geschichte eines Erfolgreichen und einer mächtigen Bank oder darüber, wie Ansehen so gerne nur von den guten Geschäften abgeleitet wird.
Über einen Toten zu schreiben ist herzmühselig. Doch dieses Buch soll keine Heldensaga werden. Es ist eine Geschichte über Macht und Moral, über Anfechtungen und Tabus.

Dieter Balkhausen

1. Kapitel

Goldgeränderte Bilanzen und moralischer Kredit

Wir müssen das, was wir denken, auch sagen.
Wir müssen das, was wir sagen, auch tun.
Und wir müssen das, was wir tun, dann auch sein.

Alfred Herrhausen

Alfred Herrhausen wäre vermutlich noch am Leben, wenn ihm Ende 1987 seine Kollegen die alleinige Sprecherrolle der Deutschen Bank verweigert hätten – und daß jedes Lebensende an dem allgegenwärtigen Sündenbock Vorsehung hängt, will der katholische Autor nicht glauben. Denn dann hätte der »hervorragende Kerl mit politischem Weitblick« (Exkanzler Helmut Schmidt) das noble Haus verlassen – so hat er Freunden nicht nur angedeutet –, wäre nicht Zielscheibe eines Terrormordes geworden.

Geistig entfernt hatte sich Alfred Herrhausen nach dem festen Eindruck einiger Freunde schon Monate vor dieser Entscheidung, ob die Tradition der zwei

Sprecher beibehalten wurde oder nicht. Er hatte dafür triftige Gründe. Die *Einflußreichsten* im größten Haus der Geldbranche, als ehemalige bzw. scheidender Sprecher im Aufsichtsrat fest verankert und fast täglich im eigenen Büro präsent, wollten dem ohnehin Dominanten die alleinige Dominanz nicht zugestehen. Es bot sich zwar an, es lag mehr als nahe, aber es lief erst nach langem – für Herrhausen quälendem – Taktieren und Zögern der Regelungsbevollmächtigten darauf hinaus.

Was Herrhausen ärgerlich stimmte, war, daß sie ihm ihre Bedenken weder sagten noch begründeten. »Sie tun mir gegenüber katzenfreundlich und agieren hinter meinem Rücken für die Zweierlösung«, vertraute er damals mehreren Freunden an, fragte um Rat, wie er sich wappnen und verhalten sollte. Der eine Freund rät ihm: »Sie sind nicht gegen dich, sie plädieren für sich, für ihre bisherige Rolle und Leistung, die du in den Schatten stellen könntest.« Ein anderer Freund spickt ihn mit Herrschaftswissen über die Entstehung früherer Sprecherlösungen, etwa als der legendäre Hermann Josef Abs (der trotz seines hohen Alters immer noch im Büro erscheint), natürlich nach seinem Ausscheiden als Sprecher, seine Meinung durchsetzte, daß »dies nun nur zwei schaffen können«.

Alle Freunde, die Herrhausen ins Vertrauen zieht, raten ihm, nun nach der Art der Konkurrenten gegenüber Dritten ungeniert darüber zu reden, daß auch er Konsequenzen zu ziehen in der Lage sei. Berthold Beitz – durch den Willen des letzten Krupp in der Position eines Eigentümer-Unternehmers – versucht den Machtkampf zu nutzen, bietet ihm den Vorstandsvorsitz des Essener Krupp-Konzerns an, für den dem Ruhrgebiet verbundenen Essener Herrhausen eine durchaus reizvolle Aufgabe.

Macht und Charakter

Warum muß dieses Rivalitätsdenken betont werden, warum an den Buchanfang gesetzt werden? Weil es mir darauf ankommt, zwei Essentials herauszuheben, die Firmen und Organisationen prägen: MACHT und CHARAKTER.
Achten Sie stets darauf, verehrter Leser, wie Macht errungen und erhalten wird, wozu sie genutzt und benutzt wird! Und glauben Sie nicht der schlanken Behauptung, es ginge immer nur um Leistung, wenn Führungspositionen vergeben und errungen werden, bzw. durch Leistung stelle sich Einfluß und Macht von allein ein. Lassen Sie sich nie von der Charakterfrage abbringen; mögen die Manieren noch so geschliffen, das Engagement für die schönen Künste noch so trefflich, die Girlanden der öffentlichen Bewunderung noch so unübersehbar sein!
Herrhausens Haltung in dieser für ihn wohl wichtigsten Kraft- und Bewährungsprobe macht vier wesentliche Eigenschaften deutlich, die außergewöhnliche Gestalter auszeichnen:
Unabhängigkeit – Mut – Geradlinigkeit – Führungscharisma
(natürlich besondere Intelligenz und Kommunikationsstärke vorausgesetzt).

Jeder wußte in der zweiten Jahreshälfte 1987 – Herrhausen ist als Nachfolger von Wilfried Guth zusammen mit Friedrich Wilhelm Christians erst eineinhalb Jahre als Sprecher im Amt –, daß sich der Kandidat in der Nachfolge von Hermann Josef Abs sieht, dem großen alten Mann der Deutschen Bank (dem sie im wesentlichen ihre nach der Nazidiktatur wiedergewonnene Stärke verdankt). Abs war wie Herrhausen brillant, nahm politischen Einfluß nicht nur als Berater der Kanzler Adenauer, Kiesinger und Schmidt, aber er kämpfte selten mit offenem Visier wie Herrhausen, er zog seine Fäden eher im Hintergrund.

Für die Abs-Nachfolger Franz Heinrich Ulrich und Karl Klasen (der später Bundesbankpräsident wird und bereits vorher Freund und Berater Helmut Schmidts) gilt ähnliches wie später für Christians und Guth: Sie vermeiden »öffentliches Aufsehen« – was sie sich zugute halten –, engagieren sich selten oder sehr spät für notwendige Reformen, bleiben stumm bei großen politischen Kraftakten wie der Ostpolitik der sozialliberalen Bundesregierung (man ist zwar dafür, aber hält sich diskret zurück), konstatieren oder kritisieren erst dann Fehlentwicklungen, wenn nichts mehr zu ändern ist. Beispiele hierfür sind die lange hinausgezögerte DM-Aufwertung, die zu späte Freigabe der Wechselkurse, die ins Kraut schießende Staatsverschuldung.

Natürlich halten sie gerne Grundsatzreden über den Segen der sozialen Marktwirtschaft und der großen Kraft des Wettbewerbs, während sie – wie alle Unternehmer, wenn sie können – doch Wettbewerber gerne klein halten und gesetzliche Privilegien nutzen. Zitieren wir Helmut Schmidt betreffs Wilfried Guth, den er immerhin zum Bundesbankpräsidenten machen wollte: »Dem fehlte die Traute.«

Die Wahrheit über viel Macht

Herrhausen hatte Traute, mußte für seine Überzeugung, daß nur die ganze Wahrheit die Glaubwürdigkeit sichere, immer schon viel Kritik im eigenen Haus und anderswo einstecken. So hielt das noch junge Vorstandsmitglied bereits 1974 Vorträge, in denen er auf den Punkt kommt und bekennt: »Wir haben Macht, viel Macht.« Was ist Besonderes daran, werden Sie fragen, Großbanken haben doch Macht wie andere Institutionen auch, ja, im Einzelfall auch die kleine Bank oder Sparkasse?!
Wer die Bankiers zeit seines Berufslebens erlebt hat, wie sie finten- und facettenreich ihren Informations- und Handlungseinfluß (potenziert durch das Universalbankensystem) auf den kleinsten möglichen Nenner von »Mitwirkung am Wirtschaftsgeschehen« herunterreden können, der kann ermessen, daß Wahrheitsmut karrierehemmend sein kann. Merke: Macht hat man, darüber redet man nicht. Schließlich sollten Gesetzgeber und Kunden weder im Prinzipiellen – Thema: *Kumulierung* von Einzeleinflüssen – noch im Praktischen – wer nutzt welche *Insider*informationen für welchen Einfluß – auf die Fährte von Reform und Kontrolle gesetzt werden.
Wer sich in die Öffentlichkeit begibt, kommt leicht dar-

in um. Wie haben sie ihn in die Mangel genommen, als er Banken und Regierungen aufforderte, der Dritten Welt die Schuldenkrise zu erleichtern, und zwar konkret durch Teilkreditverzicht und Zinssenkungen! Wie sind die Konkurrenzbankiers über ihn hergezogen, als er auf seiner Meinung beharrte! »Alfred, verdirb es nicht mit deinem Publikum, sonst ist es aus mit dir«, raten ihm Wohlmeinende. Wie süffisant belächeln sie ihn als »Illusionisten«, als er bereits im Jahre 2000 eine Europäische Währungsunion für machbar hält. Als er kurz nach der Öffnung der schändlichen Mauer am 9. November 1989 in Berlin für die baldige Wiedervereinigung beider deutschen Staaten plädiert, erregt er Kopfschütteln weit und breit.

Schlagen solche Bekenntnisse der Bank auf die Habenseite? Wirklich nicht, wie ich aus vielen Gesprächen weiß! »Der hebt ab!« – »Der Mann wird zum Problem.« – »Der soll sich ums Geschäft kümmern, sonst wird er ein General ohne Truppen.« – »Wie kann man nur so eitel sein!« Kommentare dieser Art, übrigens allesamt von Erfolgreichen, entbehren des politischen Engagements. »Sie kennen nur ihre Schrauben, nichts als ihre Schrauben«, hat Nestlé-Chef Helmut Maucher einmal aufgestöhnt, als er über das gesellschaftspolitische Engagement vieler Unternehmer befragt wurde. Die Schrauben, das sind die Produkte der eigenen Firma. Lassen Sie mich einen draufsetzen: Sie schauen nur auf ihre Mäuse und sind sehr beredt darin, Politiker und Gewerkschafter für Fehlentwicklungen verantwortlich zu machen.

Die Bank als sein Instrument?

Als die Sprecherwahl ansteht, werden die genannten Notabeln und die zur Wahl berechtigten Vorstandsmitglieder sich wohl auch gefragt haben – und dies natürlich stets im Einklang ihrer eigenen Bedeutung für die Geschichte der Bank –, ob denn die Brillanz des Kandidaten, sein gesellschaftliches Engagement, seine politisch-philosophischen Betrachtungen, ob dieses alles ihnen und der Bank nutzt, wenn sie ihn zum alleinigen Sprecher salben. Wird er gar »Die Deutsche« zum *Instrument* seiner Ideen machen, dabei viele Kunden verschrecken und die *banking community* zu sehr verärgern?
So berechtigt solche Mutmaßungen sind – und später werden sie durch die starke Unruhe, die der Vorwärtsdrängende im Hause auslöst, bestätigt –, so sehr verlangt die Öffentlichkeit meines Erachtens zu Recht die ständige Antwort auf eine Schlüsselfrage: Wie ist der *moralische Kredit* zu bewerten, wenn der Einfluß wächst? Läßt sich der moralische Kredit überhaupt erringen, wenn man für die *res publica* nicht zur Verfügung steht, wenn man nicht mit offenem Visier arbeitet? Ist öffentliche Ruhe wirklich die erste Bankerpflicht?
Jede Medaille hat wohl zwei Seiten. Es mag Herrhausens Vorgänger auch nicht ganz befriedigt haben – ihr gepflegtes Mäzenatentum und ihre Vorträge zur Ordnungspolitik belegen das –, fast nur dem *konditionierten Wachstumsdenken* zu dienen. Und wer wollte bestreiten, daß die Zufriedenheit der Millionen Kunden, das Wohlergehen der 55 000 Beschäftigten und die einigerma-

ßen passable Laune der mehr als 300 000 Aktionäre erst einmal gemanagt sein wollen. Natürlich ist auch die Sicht, daß eine unvergleichlich starke Bank nicht überall Einfluß gewinnen soll, wohin ihre Kräfte reichen, auf den ersten Blick logisch. Man spricht gerne vom »politischen Stil«, um Zurückhaltung zu erklären. Aber ist das wirklich zu Ende gedacht? Schließlich ist nicht per se für die Gesellschaft gut, was der Deutschen Bank guttut.

Anders gewendet: Was bringt das gewiß wichtige Wachstumskarrenziehen jenseits der Zufriedenheit der Beteiligten, jenseits des erarbeiteten Ansehens? Und genauso wichtig ist die Frage, die meiner Erfahrung nach vielen unternehmerisch Tätigen überhaupt nicht kommt, ob Politik denn allein den Politikern und den auf sie einwirkenden Interessengruppen überlassen werden darf. Nachgefragt: Darf Meinungsbildung in wichtigen Themen allein in die Hände der Interessengruppen, der Politiker, der Wissenschaftler, der Kirchen und der Journalisten als reportierende und kommentierende Multiplikatoren gelegt werden? Wir kennen doch die vielen kleinen Nenner, die als Dynamik ausgegeben werden; oder den mangelnden Mut! Ist Zivilcourage, ist politischer Weitblick ein »riskantes Geschäft«?

Herrhausen nimmt seine Pflichten als Staatsbürger ernst, ist schon allein deswegen zu bemerkenswerten Handlungen und eindrucksvollen Reden fähig, wie wir in diesem Buch dokumentieren werden. Nur Unternehmer zu sein ist ihm zuwenig. *Die Bilder mit den goldenen Rahmen interessieren ihn weniger, wiewohl er verin-*

nerlicht, daß die goldgeränderten Bilanzen es sind, die seinen Anstößen Gewicht verleihen.

»Wir sind obener als oben«, pflegt Herrhausen sein Institut mit dem güldenen Touch – Kapitalreserven und Vermögen von schätzungsweise 30 Milliarden Mark – zu beschreiben; die Herren und die Dame des Vorstandes bezieht er in diese Klassifizierung ein. Obwohl die »Zwölf Apostel« (Bankschnack) alle wichtigen Entscheidungen einstimmig fassen müssen – dies verlangt die ungeschriebene Vorstandsverfassung – und der Sprecher lediglich Primus inter pares ist – mit dem gleichen Gehalt von jährlich 1,3 Millionen DM –, mag das manchen nicht Machtbalance genug sein. Wie ja Deutsch-Bankiers ohnehin bis ins mittlere Management eine große Weste tragen. Das Arbeitsklima im Vorstand ist trotz aller Kollegialität mit dem Bild von Hund und Katz zu beschreiben, die zusammen aufgewachsen sind und sich achten, aber nicht unbedingt trauen; was auch in der Logik von gruppendynamischen Prozessen liegt, die sich auf zwei Sprecher orientieren mußten.

Der Kandidat war damals geschickt genug, wenn er außerhalb des Hauses über »Konsequenzen« sprach, zwischen den Einflußreichsten und ihren Absichten sowie den Vorstandsmitgliedern zu unterscheiden. Zur Erklärung: Welcher Vorstand läßt sich generell gerne von Aufsichtsräten und darunter einem hochmögenden De-Luxe-Rat wie Bosch-Machthaber Hans L. Merkle hineinreden! Schließlich gibt wohl auch Herrhausens Fähigkeit als großer Kommunikator den Ausschlag, der mit Geradlinigkeit, Fairneß, Eloquenz und

Charme zu überzeugen weiß. Beenden wir die geraffte Beschreibung einer Kraftprobe, in der die Firmen und Organisationen prägenden Essentials Macht und Charakter die Hauptrolle spielten.

Spannung zwischen Macht und Moral

Kaum gewählt, versucht Alfred Herrhausen, zumindest in seiner Person die vorhandene Spannung zwischen Macht und Moral aufzuheben, indem er offensiver als früher kritisch analysiert, kritisch fragt und dabei immer auch auf die Denkstrukturen in den zwei prächtigen Glastürmen zielt, wo in Frankfurt die Schaltzentrale des Geldgiganten residiert. Kernsatz: Die Bank müsse in Zeiten einer neuen Aufbruchsperiode (Internationalisierung, angestrebte Fusion Daimler/MBB sowie Einstieg ins Unternehmensberatungs- und Lebensversicherungsgeschäft) eine plausible Antwort auf die »berechtigte Frage nach ihrer demokratischen Machtlegitimation« geben.

Die Jahre Alfred Herrhausens in den beiden Sprecherfunktionen sind eine Zeit kräftiger Weichenstellungen in der Bank wie in der Politik. Die revolutionierende Perestroika Gorbatschows seit 1985, der EG-1992-Plan, die Schuldenkrise der Dritten Welt, die Haushaltskrise in den USA samt Währungsunruhen rund um den Dollar und weltweitem Börsen-Crash im Oktober 1987: dies alles, gepaart mit der Erkenntnis, daß Wachstum oft nur noch auf Kosten der Konkurrenten möglich ist, bestärkt die Handlungsbevollmächtigten der Deutschen

Bank darin, *ihre Kapitalhebel ungenierter als bisher zu bedienen.* Und wer so handelt, übt Macht aus, sieht sich kritischeren Fragen denn je ausgesetzt.

Oberhalb jeder Konjunktur: die Deutsche Bank

Bei Herrhausen mag die Idee Gestalt angenommen haben, *der Mann an einem großen Hebel zu sein,* der die Pflicht hat zu handeln. Aus welcher Perspektive man ihn und sein Wirken auch betrachtet, man nimmt immer den Geldkonzern wahr. Des Sprechers auch international verblüffend schnell erlangte Bekanntheit und Autorität – er ist nur drei Jahre lang neben F. W. Christians einer der beiden Sprecher, bevor er im April 1988 allein antreten kann – ist ohne die Strahlkraft, ohne die notwendigerweise umstrittene Macht der Nummer 1 unter den deutschen Bankhäusern nicht vorstellbar.

Die Deutsche Bank ist oberhalb jeder Konjunktur, scheint so etwas wie eine Lizenz zum Gelddrucken zu haben, nimmt man Kapitalrücklagen, Firmenbeteiligungen und Gewinne zum Maßstab.

In deutscher Sicht wirkt sie nicht nur wie ein Geldinstitut, das mit 5,5 Millionen Konten die größte Sparkasse und der größte Geldverleiher ist (übrigens auch größter Kreditgeber der Dritten Welt), nicht nur wie ein Geldhaus, das die bundesdeutschen Anleihe- und Aktienmärkte stark beeinflußt. Die Nummer 1 ist zwar keine Schaltzentrale der deutschen Wirtschaft, wie gerne behauptet wird, aber bezieht man ihre in mehr als hundert Jahren gepflegten Industriebeziehungen in die

Wertung ein, so möchte ich sie doch die *Union der festen Hand* nennen.

Ganz ausgewogen gesprochen: Gegen ihren Willen läuft inzwischen vieles in Industrie und Handel, nicht zuletzt deshalb, weil viele Industriekonzerne sich ihre eigenen Banksysteme halten und den machtvollen Wünschen der Bankiers nicht mehr nachgeben müssen. Aber: Gegen den Willen des Geldkonzerns geht vieles eben auch nicht. Der Industrielle Hans Imhoff, mit dem Alfred Herrhausen eine seiner ersten Bewährungsproben als junges Vorstandsmitglied bestand, indem sie die marode Stollwerck AG sanierten, pointiert das Prinzip der damals sehr hohen Herren: »Sie brauchen unseren Namen, wir stellen ihn zur Verfügung, schätzen Sie sich glücklich!«

Ich erzähle Herrhausen vom auf unsere Republik gemünzten Song der Rockgruppe *Rodgau Monotones* »Schön, reich und berühmt«, das auch auf ihn und die Bank getextet sein könnte oder auf die Werbung seines Hauses, die so gerne Erfolgstypen als Blickfang für ihre Marketingideen einsetzt. Er stimmt der Pointe zu, lacht dabei wie ein großer Junge.

Auf Lorenz Schwegler, den Vorsitzenden der Gewerkschaft Handel, Banken und Versicherungen, wirkt der Deutsch-Bankier wie ein »brillanter großer Junge. Aus ihm strahlt eine ungemein lebensbejahende Beziehung zu den Menschen und Dingen; er ist wie durch die Leiden des Lebens überhaupt nicht angekränkelt, eben wie ein Junge, obwohl er doch schon fast im Rentenalter ist.« Schwegler, der Mitglied des Aufsichtsrates ist und Herrhausen aus Gesprächen kennt, weist indirekt auf einen Lebenskonflikt hin: Der Manager wirkt zehn Jahre jünger, kann aber als Endfünfziger seinen Plänen und Idealen nur noch begrenzte Zeit dienen.

In der Tat läßt er gelegentlich einfließen, es bleibe ihm für dieses oder jenes nur noch relativ wenig Zeit. Treibt ihn diese Erkenntnis an? *Wollte er die Geschichte der Traditionsbank seiner Biographie anpassen?*

Die Würde der Normalität

In des schlanken, sportlichen, diszipliniert lebenden Mannes Gesicht bedroht nichts sein Charisma, außer in der Fernwirkung der leicht arrogante Eindruck von »schön, reich und berühmt«. Nun mag dies auch als Selbsttröstung herhalten: So sehen sie eben aus, die Herren, die Erfolg haben. Viele, die Bilder oder Interviews von ihm sehen, glauben ihn zu kennen: Seine Brillanz in Auftreten und Reden wird schnell als arrogante Eitelkeit der Macht beurteilt.
Warum mir das wichtig ist? Viele machen nicht nur gerne eine schnelle Mark, sondern fabrizieren sich auch schnelle Bilder über Personen wie Sachen. Das führt nicht nur zu den in den Medien präsentierten abgeschmirgelten Bildern, sondern begünstigt auch die trickreichen Darsteller, die ihr Äußeres wie Inneres retuschieren, ihre Meinungen darauf ausrichten, wie sie denn ankommen.
Zur Person Herrhausen: Seine Nahwirkung ist nun wirklich ganz anders. Seine Gesprächspartner heben übereinstimmend seine Natürlichkeit ohne das Gehabe

des Erfolgreichen, seine Ehrlichkeit und Direktheit, die Fähigkeit, Kritik herauszufordern, hervor. Es ist übrigens nicht so einfach, in solchen Positionen die Würde der Normalität zu bewahren. Seine Frau Traudl hat hieran entscheidenden Anteil.
Natürlich sind auch bei den brillantesten Spezies Schwächen und Fehler nicht zu übersehen. »Geduld gehört nicht zu seinen Stärken, auch nicht Geduld mit den Schwächen der anderen«, urteilt Pater Augustinus H. Henckel-Donnersmarck, ein enger Freund, »er hat von seiner Umwelt unglaublich viel verlangt.« Aus seinem Reichtum der Persönlichkeit, seiner »Liebe« zur Philosophie (die er lieber als Wirtschaftswissenschaften studiert hätte, aber damals erreichte er in Köln keinen Studienplatz), ergeben sich gelegentlich Widersprüche in seinen Handlungen. Wenn man immer mit handfesten Dingen und auch Verdrehungen zu tun hat, aber die Philosophie Maßstab ist, dann fällt es schwer, nach einfachen Mustern zu handeln, Selbstgerechtigkeit zu vermeiden. Dazu Pater Augustinus: »Er hatte Phasen, da war er sehr müde, und einmal hat er ernsthaft erwogen, alles hinzuschmeißen und sich der Philosophie zu widmen. Da habe ich Zweifel geäußert, daß er in der Philosophie so gut sein könnte wie im Bankgeschäft; das hat ihn natürlich zum Widerspruch gereizt.«

»Der Herr des Geldes«

Daß der alleinige Sprecher schnell herausragt – die vielen Titelstorys belegen es –, stiftet Unsicherheit und

Unruhe im diskret gehaltenen Beziehungsgeflecht der Nummer 1 – die bange Frage: Wenn sie uns heute bewundern, werden sie uns morgen beneiden? Pointen, die Herrhausen und den machtvollen Giganten karikierend beschreiben, werden genüßlich verbreitet: »Die Macht *der* Bank, *der* macht *die* Bank, *das* macht die Bank.«
Herrhausens Auftreten, sein Name und ebendieses »Obener als oben« reizen zu graphisch auf Macht hin gestylten Magazintiteln wie: »Der Herr des Geldes«, »Gipfel der Macht«, »Einer knackt die Bank«. Geschichten über ihn fangen immer mit Superlativen an: »*Er* führt Deutschlands mit Abstand mächtigste Bank. – Er kontrolliert den dominierenden Industriekomplex des Landes als Aufsichtsratsvorsitzender (Daimler-AEG-Dornier-MTU). – Die ohnehin Mächtigen versuchen den Raumfahrt-, Luftfahrt- und Rüstungskonzern MBB unter ihre Kontrolle zu bringen. – Die Deutsche Bank verbreitet Ehrfurcht und Schrecken. – Selten beherrschte jemand die Wirtschaftsszene so souverän wie Herrhausen. – Das Frankfurter Geldhaus hat sich längst als eine Art Nebenregierung etabliert, deren Bilanzsumme mit mehr als 300 Milliarden Mark den Umfang des Bundeshaushaltes übersteigt. – Der Geldgigant sonnt sich in pracht- und machtvollen Auftritten – und weckt zunehmend Unbehagen.«
Angesichts solch wuchtigen Vokabulars wird dem selbst- und machtbewußten Großbankier blümerant, wie er gesteht. Es fällt ihm schwer zu erkennen, daß hinter den Girlanden der öffentlichen Bewunderung unerbittlich die Absicht der Durchleuchtung seiner Per-

son wie der Bank Tribut fordert. Ein markantes Beispiel:

Ein Magazin berichtet über seine Kontakte mit Udo Proksch, Mitinhaber der berühmten Wiener Hofbäckerei Demel, der in seinen guten Jahren Liebling der Wiener Gesellschaft war und weltweit von Interpol wegen des Verdachts gesucht wird, einen schweren Versicherungsbetrug und sechsfachen Mord begangen zu haben. Herrhausen kennt Proksch durch seine österreichische Frau, empfängt ihn, weil dieser – wie andere vorher – behauptet, jemanden zu kennen, der 25 Prozent der Daimler-Benz-Aktien verkaufen kann. Es werden in dem Artikel diverse Mutmaßungen angestellt, die nur deshalb anschwärzend wirken, weil dieser Proksch inzwischen als Verbrecher gesucht wird. – Es fehlt jeder Zipfel Beweisführung für unehrenhaftes Verhalten. Herrhausen erzählt mir später, seine Bank hätte »jeden Preis für ein Daimler-Paket geboten«, um unfreundliche Attacken unbekannter Interessenten gegen die »Industrieperle« seiner Bank (29 Prozent Daimler-Anteil) zu verhindern. Zwar ist für den Leser keine Schuldlogik erkennbar, doch ist der Porträtierte tief beunruhigt wegen der in der Luft klebenden Mutmaßungen, ob da nicht doch etwas dran sein könnte, daß er von den krummen Geschäften des Wieners zumindest Ahnung haben mußte; er berät sich mit Freunden, die ihm raten, die Sache auf sich beruhen zu lassen. Merke: Die Öffentlichkeit kann einer Gerichtsbarkeit gleichkommen.

»Omnipotenzanspruch« der Nummer 1

Es wird schnell zum offenen Geheimnis, wie die – meist versteckte – Kritik am ungestümen Vorwärtsdrang der Nummer 1 wächst. Oft genug wird auf Herrhausens Politengagement und seinen »Ehrgeiz« angespielt; treffen indes will man den Riesen. Ein schönes Beispiel von offener Bühne: Commerzbank-Chef Walter Seipp wird von einem »Welt«-Journalisten gefragt: Kratzt Sie dieser Herrhausen hier, Herrhausen da, Deutsche Bank hier, Daimler-Benz da? Jeden Tag ein neues Stück im Deutsche-Bank-Theater? Seipp nimmt Maß – und dies wird dann die Schlagzeile eines ganzseitigen Interviews: »Ich will Ihnen mit einem Beispiel antworten: Die Commerzbank ist im kommerziellen Geschäft in den USA stärker als die Deutsche Bank. Ich betrachte mich nicht als *Figaro der Commerzbank*.«
Die Öffentlichkeit, daran gewöhnt, alles und jedes mit den Chefs gleichzusetzen, verfolgt in einer Mischung aus Bewunderung und Mißbehagen die großen Deals und Innovationen des ersten Geldverleihers:

Wenn der Flickkonzern für mehr als 5 Milliarden Mark verkauft wird und die Bank daran mehr als eine Milliarde verdient,
wenn das Handelshaus Klöckner & Co. vor der Pleite gerettet wird, um anschließend voll in den Besitz des »Retters« überzugehen, wobei die Genußscheinbesitzer erst einmal für längere Zeit leer ausgehen,
wenn gegen massive Kritik dem Daimler-AEG-MTU-

Konzern der dicke Brocken MBB einverleibt werden soll,
wenn die führende Unternehmensberatungsfirma Roland Berger erworben und damit wieder einmal ein neuer Geschäftsbereich erschlossen wird,
wenn den etablierten Lebensversicherern mit einer eigenen Firma der Kampf angesagt wird,
wenn große Banken in Italien, Spanien und Großbritannien gekauft werden:

Immer rauscht es im Blätterwald lauter als bei vergleichbaren Transaktionen; und immer ungenierter versuchen die Konkurrenten bei Kunden- und Journalistengesprächen aus dem »Omnipotenzanspruch« der Nummer 1 Wasser auf ihre Mühlen zu leiten.

Die werteschaffende Gesellschaft

Muß man als Konkurrent, als Journalist die Wahrheit aufblasen, um sie deutlicher zu machen? Da ist was dran, wiewohl durchaus kritische Akzente bei einigen der vorhin genannten Weichenstellungen angebracht sind. Maß und Mitte ist kein bloßes Ideal. Und die größte *werteschaffende Gesellschaft* der Republik, die nur sich selbst genügt, ist kein Selbstzweck.
Greifen wir auch deshalb wesentliche Kritikpositionen heraus, um zu erklären, wie hartgesotten die »Zwölf Apostel« gewirkt sein müssen, wenn sie Dauerangriffe parieren wollen, die oft in den »betroffenen Kreisen« härter geführt werden als in der Öffentlichkeit:

Zum Fall Flick: Muß der größte Finanzcoup in der deutschen Finanzgeschichte mit Steuerschlichen und von nur einer Bank in Szene gesetzt werden – wieso werden die Flick-Beschäftigten nicht am Ertrag beteiligt: Verpflichtet denn Eigentum zu nichts?

Zum Fall Klöckner: Warum dekretiert die Hausbank nach einer verfehlten Ölspekulation mit 600 Millionen Mark Verlust direkt: Der Laden ist unser!

Ist der größte Industriekonzern Europas, Daimler-AEG-MTU-Dornier-MBB, nicht doch eine Gefährdung des zuliefernden Mittelstandes im Sinne absoluter Abhängigkeit?

Warum schaufelt man mit Hilfe der Unternehmensberatungsfirma Roland Berger noch mehr Herrschaftswissen in die *Union der festen Hand*? Schickt man Problemfirmen demnächst sogar die eigenen Berater (Kontrolleure) ins Haus, bevor man Geld gibt oder abzieht?

Natürlich lassen sich solche Behauptungen plausibel in Frage stellen; wie Wirtschaft und Geld ja ohnehin ihre eigene Logik haben und angeblich nicht stinken, so sind auch die Grenzen der Macht schwer zu ziehen. Und dies desto mehr, je internationaler und verflochtener die Kapital- und Warenmärkte gedeihen. Kann unsere Wettbewerbsgesetzgebung, die schon seit Ludwig Erhards Zeiten nur halbe Dienste tut, überhaupt die notwendigen Machtbalancen garantieren? Das *große Firmenfressen* hat doch längst begonnen.

Schon vor der Großoffensive der *werteschaffenden Gesellschaft* wird sie spontan mit Macht, Reichtum und politischem Einfluß in Verbindung gebracht. Jetzt wird Alfred Herrhausen schnell zur *Symbolfigur für Wirtschaftsmacht* schlechthin stilisiert. Das kann angesichts der ehrgeizigen Expansions- und Internationalisierungsstrategie nicht ausbleiben.

Das interessante ist, Herrhausen stellt sich nicht nur der Kritik, er agiert mit offenem Visier, gibt auch Bedenken recht, nennt den MBB-Deal »ordnungspolitisch bedenklich, aber von der Regierung gewünscht und für die Exportnation Bundesrepublik sinnvoll«, sucht im Falle Flick nach einem Ausgleich (siehe Gespräch in diesem Buch).

Herrhausen mag Macht noch so sehr durch Moral akzeptabel erscheinen lassen, dazu mußte er in einen unlösbaren Zielkonflikt geraten, weil ebendie Firmenstrategie so ehrgeizig ist. Die Nummer 1 sollte nach einem von Herrhausen oft betonten Wort auf den Finanzmärkten »round the globe and around the clock« präsent sein, also auf jedem Spieltisch der Welt ein paar große Chips liegen haben. Und dafür gibt es zwingende Gründe: Japans und Amerikas Banken – unsere erste Adresse steht in der Reihenfolge der ersten zwanzig in der Welt ziemlich hinten – beißen sich überall fest; die EG-Visionen verlangen eine Europäisierung der Finanzdienstleistungen; die Herausforderungen im Ostblock kommen inzwischen dazu; und last, not least: Wachstum läßt sich oft nur noch auf Kosten anderer Etablierter erzielen.

Ist die Fanfare »round the globe and around the clock«

also nur mit Machtstreben gleichzusetzen? Ist es ergo wirklich fair, *eine Person* ins Zentrum der Macht zu rücken? Die Konsequenz für die Handelnden kann doch dann nur sein, sich politisch bedeckt zu halten und möglichst ohne offenes Visier zu schalten, um ungenierter dem Mehr und Mehr leben zu können. Mir sind engagierte Stars lieber als unpolitische Wirtschaftsdiplomaten.

»Die Luft ist oben dünn, man ist der Kritik der Öffentlichkeit ausgesetzt, und das ist gut so. Wir müssen uns bemühen, so gut wie eben nur möglich zu arbeiten, um die Kritik so klein wie möglich ausfallen zu lassen«, beschreibt der Vielkritisierte die Lage. Auf der 89er Hauptversammlung seines Instituts sagt er Tausenden Aktionären zu Beginn seiner Rede: »Leider schaffen viele äußerliche Eindrücke in der Öffentlichkeit ja immer noch eher *Distanz* zu unserem Gewerbe als Nähe: die großen Verwaltungsgebäude, vor denen man steht, ohne recht zu wissen, was sich eigentlich in ihnen abspielt; die vermeintliche Überlegenheit derer, die mit dem ›Geld‹ umgehen; dieses so gebräuchliche, aber dennoch nicht recht faßbare Produkt selbst; das Abstrakte, das eine dem Laien oft unverständliche Fachsprache noch unterstreicht; die Globalität unserer Geschäfte, die keine nationalen Grenzen mehr kennen; die angebliche Macht, mit der wir wirken, und manches andere mehr. Diese Distanz gilt es zu überwinden, wenn wir unsere Ziele erreichen wollen. In einer Gesellschaft, die zunehmend emanzipierter wird, sind wir auf Akzeptanz angewiesen.« – Zuvor entschuldigte sich Herrhausen bei einigen Opponenten, deren Oppositionsanträge von den Hausjuristen nicht zugelassen worden waren. Der Sprecher weiß, daß er sich bei den anderen Aktionären unbeliebt macht, denn die Opponenten wollen über die Kreditpolitik für Südafrika und die Dritte Welt abstimmen lassen. Ein paar Tage vorher – er hatte von den abgeschmetterten Anträgen in der Zeitung gelesen – stellte er die Verantwortlichen zur Rede, konnte dabei seinen Zorn nicht unterdrücken. Gefragt, warum, fällt seine Antwort grundsätzlich aus: *Ich muß den Stil ändern.*

Geldschatten und ethische Verpflichtung

Alfred Herrhausen genießt die Macht durchaus, gleichwohl hat er meiner Erfahrung nach als einziger Großbankier das Naheliegende erfaßt, nämlich: *Der Geldschatten wirkt stärker als der volkswirtschaftliche Nutzen einer Großbank.* Das geht so weit, daß Kritik einfach erwartet wird. Dürfen Abhandlungen über die *Union der festen Hand* ohne kritische Distanz sein? Selbst Freunde und Bewunderer raten mir ungefragt: Sie *müssen* ein kritisches Buch schreiben!
Die ständigen Anfechtungen mögen eine Triebfeder sein, sich gesellschaftlich wie politisch zu engagieren. Der Bankier ist in der bundesdeutschen Unternehmerschaft einer der raren Spezies der *political animals*, wie man sie in den USA nennt. »Die Deutsche Bank *muß,* weil sie eine bestimmte Größe hat, eine bestimmte Autorität, eine bestimmte Position hier und draußen in der Welt, gesellschaftliche Verantwortung überneh-

men. Wir müssen eine Art *ethischer Verpflichtung* akzeptieren. Handlung muß durch Haltung begründet werden.« Warum spricht er solche Selbstverständlichkeiten aus, die Öffentlichkeit mahnt diese Haltung ja an? Herrhausen hat die Kritiker in der Bank wie in der Unternehmerschaft im Auge, die gerne von Ethik reden, aber nur an Monetik denken.

Damit kein geschöntes Bild entsteht: Für »Fehlgriffe« trägt der erste Kopf einer Bank die Mitverantwortung, selbst wenn er an der Entstehung (anders als bei den Fällen Flick und Klöckner) nicht beteiligt ist. Als erste Adresse glaubt man etwa, sich überhöhte Ausgabekurse bei Aktienemissionen leisten zu können: Die Preise für Anteile des Sportartikelherstellers Puma oder des Handelskonzerns Asko sind allein schon deshalb zu hoch, weil deren Bilanzen undurchsichtig sind bzw. bei Asko die Firmenkonstruktion absolut uneinsichtig ist. Ein weiteres Beispiel: die überteuerte Aktie der Modemacherin Jil Sander. Wenn der skandalgeschüttelte Handelsriese co op angeblich keine 160 DM je Aktie wert war, dann sind auch die Superausgabekurse der drei genannten Firmen Manipulation.

Es ist leichter, an neue Ufer zu gelangen, als eine »plausible Antwort auf die berechtigte Frage nach der demokratischen Machtlegitimation« zu finden, um Herrhausens Anspruch erneut zu zitieren, ganz abgesehen davon, daß, was früher als weiße Weste galt, heute allenfalls noch als beige durchgeht. Denn: Mit den Erfolgen wachsen die Mutmaßungen, die Konkurrenten halten sich nicht zurück, der Geldschatten wird länger, und man wird zu Markte getragen.

Volkswirtschaftlicher Nutzen hin, Japaner und Amerikaner her: Kann und darf ein Unternehmen mit diesen enormen Kapital- und Personalressourcen im Tempo der vergangenen Jahre wachsen, ohne den *moralischen Kredit zu beschädigen*? Zumindest Zweifel sind angebracht.

Kontra Managementtabus

Nur ein Mann von außergewöhnlichen Gaben, von strapazierbarer Kritikempfänglichkeit und Integrationskunst kann wohl eine solche Flut von Aktivitäten im Flußbett halten. Herrhausen postuliert gerne seine DREI S, nämlich STRATEGIEN – STRUKTUREN – STEUERUNGEN. Seine – oft ungeduldige – Durchsetzungskraft trägt Konflikte in die Bank, wo viele ihre Mitgliedschaft stolz wie eine Monstranz vor sich hertragen. Die Kenner des Hauses formulieren alle ähnlich: Die meisten Leitenden treten mit der Attitüde auf: »Wir sind die Ersten.« – »Die sind so erzogen, fühlen sich als Elite, auch im normalen Leben.«
Und dann kommt einer wie Herrhausen ans Ruder, spannt zusammen mit dem Vorstandskabinett die Bank an. Was nicht wenige Leitende besonders beunruhigt, denn *der Mann kennt keine Tabus, schon mal überhaupt keine Managementtabus*. Er kann in seiner Ehrlichkeit auch schonungslos sein. Herrhausen sagt es indirekter: Unsere Kosten sind zu hoch; hätten wir nicht das riesige Vermögen, stünden wir weit weniger gut da. Wer so geradeheraus argumentiert, verbreitet natürlich auch

Ängstlichkeit. Was so anziehend an ihm wirkt, seine Visionskraft sowie konsequentes Analysieren und Handeln, schafft also gleichzeitig Brisanz, spannt die Bank bis zur Hochspannung an.

Gleichzeitig weiß er mit Offenheit, unverkrampftem Charme und Überredungskunst vor allem die Jüngeren zu überzeugen; er hat etwas von einem Eroberer an sich. »Er hält nicht Abstand von den Menschen, sondern geht aktiv auf alle zu – ohne Ansehen der Person. Er ist der Wegbereiter in eine neue Dimension.« In dieses Zitat eines nur sehr entfernt von ihm wirkenden Mitarbeiters ist wohl auch Kritik an vergangenen Führungszeiten eingepuppt.

Während es in den Kontoren der »Deutschen« rumort, ist dem ersten Repräsentanten daran gelegen, dem Publikum näherzukommen (das er übrigens auch als Kundschaft und Personalreservoir im Auge hat). Er nutzt jede Gelegenheit zu Vorträgen und Diskussionen, weiß er doch, daß in seiner Nahwirkung das Handicap »Eitelkeit der Macht« zurücktritt. Der brillante Redner versteht sein Publikum fast immer hinzureißen – ob nun jung oder erfahren, ob bankerlike oder allgemein interessiert. Seine Kritiker im Hause und anderswo wenden immer wieder – in der beschriebenen Denkweise des »riskanten offenen Visiers« – ein, Herrhausen konfrontiere die Bank und die *banking community* mit Prinzipien, Defiziten in der Ordnungspolitik, Defiziten im eigenen Handeln, ja er stülpe Themen über, die lästige Dauerdiskussionen zur Folge hätten. Dagegen spricht nicht nur das Prinzip, der *res publica* zu dienen, sondern auch seine Wirkung. Wer ihn erlebt, bei dem

fällt schnell der Groschen: Einen Beruf auszuüben, etwa unternehmerisch tätig zu sein, reicht doch wohl allein nicht aus.
Kennen Sie Doktor Herrhausen? Für eine plausible Antwort zahlen etwa 120 Regelungsbevollmächtigte der Wirtschaft bis zum Konzernchef dem Goldmann-Institut für ein Seminar mehr als 900 Mark Eintritt plus Mehrwertsteuer. Erwarten sie eher Einblicke in die »Macht des Geldes« oder in die »Macht des Denkens«, die optimal zu kombinieren Herrhausens Streben zu sein scheint?
Halten wir aus dem dreistündigen Dialog ein paar Highlights fest:

Wie pflegen Sie Ihre Sprachwirkung?
Manche Unternehmer sind nicht fleißig genug gewesen; dazu gehört übrigens auch Toleranz. Sie dürfen nicht das Gegenteil von dem sagen, was Sie denken; nicht das Gegenteil von dem tun, was Sie sagen.
Hat Ihre Bank ein Handbuch für Verhaltensweisen der Mitarbeiter?
Dies wäre ganz falsch, weil es von der Spontaneität wegführte.
Wie funktioniert die Kommunikation im Hause?
Es gibt ja das Problem der internen Mauern, da ist der Botschaftsprozeß oft schwierig. Man schiebt den Stein oft den Berg hinauf, und dann fällt er wieder runter. Deswegen lege ich Wert auf hierarchiefreie Kommunikation. Meine Sorge ist, daß zuviel Plan der Verlust persönlicher Freiheiten bedeutet. Nur flexible Strukturen erhalten Lern- und Anpassungsfähigkeiten. Wir tun oft das Gegenteil. Aber alle Verabredungen, die inflexibel sind, vergrößern das Problem.

Muß der Nonkonformismus gefördert werden?
Ja! Die Führungskraft, die Jasager will, müssen Sie auswechseln! Ein Erstklassiger holt sich immer Erstklassige; ein Zweitklassiger immer Drittklassige. Der Fisch beginnt ja bekanntlich am Kopf zu stinken.
Wie wichtig ist Öffentlichkeitsarbeit?
Mein Essential ist der kommunikative Gegenverkehr: Wir leben nicht mehr in einer Welt, wo wir Strategien insgeheim durchsetzen können. Das schlägt fehl. Die Menschen sind wissensdurstiger als früher.
Wie stehen Sie zu Macht?
Äußerst positiv (große Heiterkeit)... Ich habe nie abgestritten, daß wir ein machtvolles Unternehmen sind; und dies oft zum Leidwesen meiner Kollegen. Wir haben plurale Machtpotentiale. Wir müssen dafür sorgen, daß wir ausbalanciert werden.
Wie wichtig sind für Sie »Kleiderordnungsfragen«?
Mir ist es beispielsweise völlig egal, wo ich bei Tisch plaziert werde. Man darf sich selbst nicht so wichtig nehmen.
Wie behandeln Sie Ihr Privatleben in der Öffentlichkeit?
Das Privatleben ist mein Tabuthema.
Das Ziel Ihrer Bank?
Als ich 1970 in die Bank eintrat, waren wir in keinem anderen Land vertreten... Vor zehn Jahren waren unter den ersten zehn Banken in der Welt keine japanische. Heute sind die ersten zehn Japaner. Daraus leitet sich unser Ziel ab: »round the globe – around the clock«. Es ist besser, zu agieren, als zu reagieren. Ein Unternehmen muß wachsen, wenn es erfolgreich sein will, allerdings gilt das nur für wachsende Märkte. Sonst besteht die Gefahr des Nullsummenspiels.

Was ist für Sie das Wesentliche bei Firmenbeteiligungen?
Nur bei Mehrheitsbeteiligungen haben Sie die Hand auf dem Cash-flow.
Welche Herausforderung sehen Sie in dem großen Volumen der freiwerdenden Vermögen wie Erbschaften usw.?
Ein wesentlicher Grund, warum das Finanzgewerbe neue Akzente setzen muß, ist der zum erstenmal historisch ungebrochene Erbgang. Da Vermögen stärker denn je international gestreut wird, entsteht bei schlechter Politik für die reiche Bundesrepublik eine große Gefahr.
Welche Fehler machen Sie?
Jeder begeht Fehler. Ich neige zur intellektuellen Unduldsamkeit.
Wie halten Sie sich fit?
Ich pflege einen freundlichen Umgang mit mir selbst. Meine Arbeit ist aufregend und faszinierend, da sind 12 bis 14 Stunden täglich kein Streß. Natürlich lebe ich möglichst diszipliniert, treibe, sooft es geht, Sport. Übrigens hat der Fleißige immer Zeit.

Gegen Larmoyanz im Unternehmerlager

Doktor Herrhausen wird bald als großer Ideenlieferant gesehen, auch anstößig im besten Sinne des Wortes. Er erweckt den Eindruck, Zukunft im Blut zu haben. Krisenanalysen – er kann sich etwa eine »ökologische Katastrophe« vorstellen – verbindet er immer mit Optimismus und Fortschrittsgläubigkeit. Selbst mit jenen, die vom Standpunkt der materiellen Entrücktheit argumentieren, kann er sich unaufgeregt-engagiert unterhalten. Den unternehmerisch Tätigen rät er, sooft er kann (weil er weiß, wie aufgebracht viele gegen die Fortschrittszweifler und bestimmte politische Fehlentwicklungen wettern): »Lassen wir alle Larmoyanz beiseite. Um die Herausforderungen, die vor uns liegen, zu meistern, müssen wir uns und unsere Mitbürger motivieren. Motivieren aber kann man nur, wenn man prägende und anregende Ausstrahlung besitzt. Haben Sie schon einmal Pessimisten mit Ausstrahlung gesehen?«

Junge Leute wie Lehrlinge und Studenten erfassen bei seinen unkomplizierten Auftritten intuitiv seine unbeugsame Logik und kämpferische Natur, wohl eher als jene, die das Leben schon enttäuscht hat. Ihnen imponiert vielleicht auch die ihm eigene, unsentimentale Unschuld, die manche als »Blauäugigkeit« ironisieren, die aber in seiner Lebensbejahung und Unabhängigkeit ihre Wurzeln hat. Zu Lehrlingen seiner Bank in Kempten sagt er gegen Ende einer engagierten Rede: »Lassen Sie sich nicht entmutigen, wenn es nicht so einfach geht, wie Sie es sich vorgestellt haben. Aber Aktivität und Entwicklung Ihrer eigenen Persönlichkeit führen zum Erfolg, Passivität ist gefährlich. Das Leben wird noch faszinierender, als es ohnehin schon ist. Machen Sie sich klar: Niemals hat sich die Menschheit größeren Herausforderungen gegenübergesehen als heute: Perestroika und Glasnost – EG 1992 – die Erstarkung des pazifischen Beckens einschließlich China und Indien – die Nord-Süd-Problematik – die technologische Revolution – die ökologische Frage. Und dies alles zur gleichen Zeit. *Für aktive Menschen, die etwas bewirken wollen, ist es eine Lust zu leben. Diese Lust wünsche ich Ihnen.*«

Bindungen und Fluchten

Je mehr er und seine Kollegen die Bank vorwärtspushen, je mehr er Sachen anpackt, die neben dem reinen Geschäft liegen, je mehr er auch zu Markte getragen wird, denn viele Wünsche von Unternehmen (wo er im Aufsichtsrat sitzt) und Politikern zielen auf seine prägende Kraft – desto mehr gerät sein Leben zu einer rasanten Folge von Bindungen und Fluchten. In den letzten Tagen seines Lebens bringt er zusammen mit seinem Kollegen Hilmar Kopper den Kauf der führenden englischen Investmentbank Morgan Grenfell und den Eintritt von deren Chairman John Craven in den Vorstand der Deutschen Bank unter Dach und Fach; am 29. November abends diskutieren er und der zuständige Georg Krupp mit dem stellvertretenden sowjetischen Ministerpräsidenten Silajew über einen neuen Milliardenkredit und die Möglichkeit einer Wiedervereinigung beider deutschen Staaten.

Alfred Herrhausen bleibt trotz wachsender Bürden ein zugänglicher Mann. Aber: Schultert er sich zuviel? Der Industrielle Otto Wolff von Amerongen, dessen Freund und Testamentsvollstrecker er ist und bei dessen Familie er seine zweite Frau Traudl kennengelernt hat, beobachtet: »Für viele Leute ist Alfred schwierig, weil er an andere ähnlich hohe Ansprüche stellt wie an sich selber. Von anderen wird er neuerdings als schwierig empfunden, weil er in seiner Ehrlichkeit und in seinem Perfektionismus Zusagen macht, dann aber für viele Leute keine Zeit mehr hat.« Unternehmensberater Roland Berger, der ihn aus vielen Gesprächen kennt: »Er ist geradlinig und hilfsbereit, denkt nicht taktisch, kann sich vom Naturell her auch keinen wichtigen Kampf ersparen. Und die Welt stürzt sich auf ihn. Da hat er mehr zugesagt, als er halten kann.«

2. Kapitel
Drei Tischgespräche*:
die erste Bewährungsprobe

Opportunismus war nicht sein Metier.

Hans Imhoff

Was ist das Hervorstechende an Herrhausen? frage ich bei Tee und Schokolade den Kölner Industriellen Hans Imhoff, der dem jungen Bankier Anfang der siebziger Jahre dessen erste Bewährungsprobe zu bestehen half. »Er ist eine Ausnahmeerscheinung, und das zeigt sich auch in seiner Einstellung zu seinem Einkommen. Alfred Herrhausen wird im Gegensatz zu anderen Topbankiers nie ein reicher Mann werden. Er macht in seiner Stellung keine Nebengeschäfte, obwohl er dafür – im seriösen Rahmen versteht sich – viele Möglichkeiten hätte.«
Der erfolgreiche Schokoladenfabrikant Imhoff (Stollwerck, Sprengel, Waldbaur) umrundet bei für ihn wesentlichen Aussagen den Tisch, zwinkert mit den Augen, nennt Namen. »Er übt einen extrem seriösen Job

* Vor Alfred Herrhausens Tod geführt

aus, wie es normalerweise von einem hohen Beamten erwartet wird. Ich habe mit ihm mal über eine gute Idee sprechen wollen, da hat er mir direkt gesagt: Herr Imhoff, lassen wir das Gespräch nicht weiterführen, da bin ich der falsche Gesprächspartner.«

Der Seiteneinsteiger

Der originell-quirlige Imhoff – ein »Junge mitten aus dem Leben«, wie man in Köln solche lebensnahen Typen charakterisiert – wirkt wie der Antitypus des geschliffenen Bankiers, über den er liebevoll urteilt: »Wissen Sie, der hat ja so einen gewissen Habitus, der arrogant wirkt, was sicher mit der dünnen Luft zusammenhängt, die er da oben inhalieren muß. In Wirklichkeit ist er sehr natürlich, empfindlich und hilfsbereit. Er taktiert nicht, geht lieber durch die geschlossene Tür, auch wenn es ihm schadet. Mich können sie als schlitzohrig bezeichnen, auf ihn trifft das nicht im geringsten zu.« Der Besitzer vieler Firmen – stolz darauf, ein reicher Mann zu sein – erzählt, wie schwer es der Seiteneinsteiger Herrhausen bei der Traditionsbank hatte: »Ein Direktor hat mir einmal gesagt, er ist kein typischer Deutsch-Bankier, der wird nie ein Insider, weil er nicht aus unserer Maschinerie kommt und anders denkt.«

Eine Kraftprobe

Wie haben sich die unterschiedlichen Männer kennengelernt? Die alte Kölner Süßwarenfabrikation Gebrüder Stollwerck – Großaktionär und Hausbank ist die Deutsche Bank – steckt in der Krise. Der vor zwei Jahren als Finanzvorstand des Stromerzeugers VEW von F. W. Christians geholte Alfred Herrhausen muß den Aufsichtsratsvorsitz übernehmen. Hans Imhoff betreibt in Bullay an der Mosel eine Schokoladenfabrikation, es wird händeringend ein Sanierer gesucht. Es ist nicht übertrieben, zu behaupten, daß ohne den Mittelständler der »junge Mann« vielleicht nie aufgestiegen wäre, weil er seine Gesellenprüfung der Stollwerck-Sanierung nicht bestanden hätte. Denn man muß wissen, daß sich das ganze Ausmaß des Firmenniedergangs erst nach Imhoffs Engagement herausstellt.

Als der gewiefte Unternehmer über die damaligen Verhandlungen mit Herrhausen erzählt, springt er vom Tisch auf, läuft in seinem riesigen Arbeitszimmer auf und ab, lebt den Kraftakt mit der »Nobelbank« wieder durch, vollzieht energiegeladen seinen Durchbruch zum Großunternehmer nach. »Während unseres ersten Gesprächs in seinem Düsseldorfer Büro nimmt Herrhausen immer wieder Telefongespräche an, ich bin sauer, stelle ihn zur Rede, denn schließlich war ich 300 Kilometer mit dem Auto gefahren, und unsere Zeit ist knapp. Er entschuldigt sich direkt, ist überaus zuvorkommend.«

Nach mehreren Verhandlungsrunden ist man handelseinig. Imhoff soll einen 40-Millionen-Kredit bekommen, die unternehmerische Verantwortung übernehmen und schrittweise die 46,5 Prozent der Stollwerck-Aktien übertragen bekommen.»Aber das dicke Ende kommt noch. Herrhausen macht mich mit dem zuständigen Leiter der Düsseldorfer Filiale, Rolf Weber, bekannt, eine Position, die für mich was Kleines ist. Und was soll ich Ihnen sagen, der besteht auf den üblichen Bedingungen der Bank, wonach der Kreditgeber im Falle von schwerwiegenden Informationen den Kredit kündigen kann.« Imhoff ist noch heute verärgert, wenn er schildert: »Plötzlich macht der vorher freundliche Herr Weber ein abweisendes Gesicht und sagt: ›Tut mir leid, Herr Doktor Herrhausen, das können wir nicht machen.‹ Plötzlich ist der Direktor der große Mann und nicht mehr das Vorstandsmitglied. Ich bin völlig frustriert, lehne ab, denn wenn es mir nach einem Jahr wirtschaftlich nicht gutgeht, dann können die einfach bestimmen: ›Ende der Durchsage.‹ Das ist mir einmal bei einer Bank passiert. Wir reichen uns zum Abschied kühl die Hand, und ich denke: Die Sache ist vorbei.«

Die Macht der Bank

Bevor Hans Imhoff temperamentvoll weitererzählt, sinniert er über die Macht der Banken, legt dar, daß der Kredit ja auch eine gewisse Sicherheit für sein unternehmerisches Risiko war, denn schließlich wollte ja die Deutsche Bank einen Imageschaden für sich abwenden und er nicht seinen Betrieb an der Mosel gefährden. – Und wie endet die Kraftprobe? Herrhausen setzt im Vorstand durch, daß die Klausel nicht gilt,»und Direktor Weber ruft freundlich an, ob er mich zum Kaffetrinken besuchen kann«.

Dann, ein paar Jahre später: die nächste Kraftprobe und ein dauerhafter Krach. Imhoff ist zwar mit Stollwerck noch nicht auf der Schokoladenseite, hat aber eine vielkritisierte Radikalkur mit vielen Entlassungen durchgesetzt und nun keine Schulden mehr beim ehemaligen Großaktionär. Natürlich braucht er einen Kreditrahmen, deshalb lehnt Herrhausen die Forderung ab, die noch immer verpfändeten Grundstücke freizugeben. Imhoff schildert heute noch lebhaft, wie er sich in seinem Stolz verletzt sah und eine unbändige Wut gegen die Macht dieser Bank verspürte:»Wir aßen zusammen zu Mittag, da wäre ich ihm am liebsten an die Gurgel gegangen; mein Partner Rolf hat mich unterm Tisch kräftig gegen das Schienbein getreten, weil ich explodiert bin. Herrhausen erklärte mir seelenruhig, wie wichtig doch eine erste Bankadresse für die Firmenexpansion wäre. Ich wollte die Bank wechseln, mein Partner riet mir ab, wir beschlossen, später neu zu verhandeln. Ich war so enttäuscht über Herrhausen, daß ich mir schwor: Mit dem bist du fertig.«

Etwa ein Jahr danach erlebt Imhoff, er hat sich getäuscht.»Er rief von sich aus an und sagte, daß nun alle Grundstücke frei seien. Das hat mir dann doch enorm imponiert. Da begann unsere gediegene Freundschaft.«

Die herausragende Figur
auf dem Schachbrett

*Er praktiziert nicht
das Wegverschweigen.*
Lorenz Schwegler

Was ist für Sie das Hervorstechende an Herrhausen? frage ich den Gewerkschaftsvorsitzenden Lorenz Schwegler, der den Bankier seit der Zeit kennt, als beide noch nicht in ihre Spitzenpositionen gekommen waren. »Er argumentiert mit offenem Visier, ihm geht es nicht nur um den Kommerz, um die Gewinn-und-Verlust-Rechnung der Bank, sondern immer ganz wesentlich auch um Verantwortung für die gesellschaftliche und politische Gestaltung unserer Ordnung. Das ist das Zielsystem, an dem er gemessen werden will. Und ich meine, daß er damit recht hat.«
Schwegler – seit 1983 Mitglied des Aufsichtsrates der Nummer 1 – stellt die für ihn noch wichtigere Frage, ob Herrhausen, »indem er ordentlich mit der Wahrheit umgeht und nicht hinterrücks Politik betreibt, sondern die politische Dimension des Bankgeschäfts offen anspricht, den Interessen seiner Bank optimal dient. Oder

ist da ein Gesichtsloser, der alles *etwas mehr im dunkeln* ablaufen läßt, für die Bankinteressen nicht vielleicht besser?«

Lorenz Schwegler – Jahrgang 1944, seit 1980 Vorstandsmitglied der Dienstleistungsgewerkschaft Handel, Banken und Versicherungen und seit 1988 ihr Vorsitzender – ist ähnlich *outspoken* wie der Bankier, mahnt im Gewerkschaftslager Reformen an. Ohne in vielem mit »seinem Weltbild« übereinzustimmen, ist sich der Gewerkschaftsführer über Herrhausens Motive sicher: »Er ist zwar letztlich ein Konservativer, der nicht außerhalb des Schachbretts steht. Aber dort ragt er heraus. Er macht oft deutlich, daß er nicht nur das Geld zählt und mehrt, daß Kommerz auch immer eine kritische wie verpflichtende Größe hat. Er praktiziert eben nicht das Wegverschweigen.«

Ähnlich wortgewandt wie der IG-Metall-Vorsitzende Franz Steinkühler nennt der Vorsitzende der sechstgrößten DGB-Gewerkschaft Herrhausen »eine der interessantesten Figuren der Republik, der nicht nur in seinen Strukturen vor sich hin funktioniert«. Schwegler vergleicht weite Passagen des politischen Lebens mit dem Märchen von des Kaisers neuen Kleidern, in dem jeder sagt, der Kaiser habe neue Kleider an, obwohl er doch nackt ist. »Und ich frage natürlich kritisch, ob der Sprecher der mächtigen Deutschen Bank in der Funktion des unschuldigen Kindes sein kann, das als einziger Beobachter die Verhältnisse treffend anspricht.«

Der Gewerkschaftsführer vertieft, ob der Bankier, der Tendenzen zu diesem Kind habe – oft auch in einer gewissen Naivität –, ob er wirklich alles das sagen könne, was ihn vielleicht belaste. »Kann er bei dieser Machtfülle, bei den vielen Balanceakten, die er zu vollbringen hat, keine *Aussprechgrenzen*, keine *Handlungsschranken* haben?« Schwegler hegt da plausible Zweifel. An dieser Stelle gilt es zu erwähnen, daß Gewerkschafter von der Tradition wie vom Forderungszwang her gewohnt sind, kämpferischer aufzutreten, eher politisch offensiv zu argumentieren; meist sind sie auch Mitglied einer politischen Partei. Übrigens verstehen sich die Vertreter von Arbeit und Kapital meist viel besser, als es die für die jeweilige Klientel öffentlich geführten Kontroversen erscheinen lassen. Die Nachkriegstradition des im konstruktiven Streit gesuchten Konsenses, unterfüttert durch gute rechtliche Rahmenbedingungen, hat eine gedeihliche Grundstimmung ermöglicht, die meines Erachtens nicht angetastet werden darf.

Die Perspektive der großen Welt

Ich erinnere Schwegler an seine Beobachtung, daß der Bankier gelegentlich wie ein »brillanter großer Junge« wirke, und frage, ob er auch dessen Naivität besitze. »Er spricht und schreibt zu Sachverhalten, wo er nicht genügend Wissen haben kann. So scheint er die Lebenslage der normalen Menschen nicht hinlänglich zu kennen, obwohl er in seiner Jugendzeit auch einmal unter Tage gearbeitet hat und bisweilen durchaus sozial engagiert argumentiert. Da schlägt dann die Sichtweise des großen Jungen durch, will sagen: Der große Junge kennt die Welt eigentlich nur von den Eltern vermittelt, aus Schule und Studierstube; er kennt sie kaum aus dem Erlebnis der abhängigen Arbeit, des knappen Beutels und der engen Wohnverhältnisse, oder es sei denn, er ist darin aufgewachsen. Das kann ihn dazu bringen, die Welt eher aus der Perspektive der großen Welt als des kleinen Arbeitslebens zu beurteilen. Und dies könnte damit zu tun haben, daß bei Alfred Herrhausen der Glaube an Modelle und große Würfe eine so erhebliche Rolle spielt.«

Bankenmacht und politische Machtfrage

Das kompliziert-tiefgründige Thema »Macht und moralischer Kredit« geht der Gewerkschaftsvorsitzende eher behutsam an: »Das ist eine vielschichtige Sache. Natürlich hängt es mit dem Universalbankensystem zusammen, das besondere Macht bringt. Aber kann man es in Frage stellen, ohne ein international effektives Banking zu gefährden? Andererseits sehe ich die *Provokation*, die sich aus diesem System und den Großen der Branche für die *politische Machtfrage* ergibt. Und diese Problematik wird man nicht mit solchen Remeduren bewältigen können, wie etwa die Firmenanteile der Banken zu beschränken. Und gewährleisten denn Wertpapiervereinigungen und Broker mehr ökonomische Rationalität und soziale Rücksichtnahme als große Universalbanken? Wir müssen uns in dieser Frage mehr einfallen lassen als den Rückfall in frühere Zei-

ten; oder mehr als den Umstieg in Strukturen, die in anderen Ländern mehr durch Zufälle als durch bewußte Entscheidungen entstanden sind.«
Wir reden über die Politiker, die ihr schlechtes Gewissen bei der Elefantenhochzeit Daimler-MBB gegenüber den Wählern beruhigen oder sie sogar täuschen wollen, indem sie vollmundig fordern, die Macht der Großbanken müsse gezügelt werden. »Das ist unschön bis peinlich, daß diejenigen, die sonst immer die Sehnsucht nach den kleineren wirtschaftlichen Einheiten mit sich herumtragen, aber hier ihre Prinzipien in Sachen Marktwirtschaft verraten, jetzt zu Lasten Dritter nach *weißen Füßen* suchen. Doch das ist wohl der Widerspruch zwischen Sonntagsreden und Spendenabhängigkeiten.«

Die Deutsche Bank: ein säkularer Orden

Verniedlicht Herrhausen etwas, hake ich nach, wenn er zwar die Macht der Nummer 1 und anderer Großbanken beschreibt, aber in Vergleichen anderen Gruppierungen wie den Gewerkschaften auch Machtpotentiale zuordnet?
»Ja, auf jeden Fall. Denn wir beispielsweise haben keine wirtschaftliche Macht, können nur für unsere Forderungen mobilisieren, und das kann ein mühsames Geschäft sein.«
Was kritisieren Sie bei der Deutschen Bank?
»Letztlich die unzureichende demokratische Legitimation ihrer ungeheuren Macht. Aufsichtsrat und

Hauptversammlung der Aktionäre sind faktisch so zusammengesetzt, daß sie als Organe den Vorstand kaum effektiv kontrollieren können. Das gibt es zwar auch bei anderen Gesellschaften, ist aber in diesem Fall besonders ausgeprägt. Wenn Sie mich nach dem Wie einer verbesserten Zusammensetzung und nach dem Wie einer besser legitimierten Hauptversammlung fragen, dann wird es natürlich schwierig.«
Lorenz Schwegler nennt die Deutsche Bank eine Art »säkularer Orden, der nach eigenen Ordensregeln lebt, durchaus unter Einschluß ethischer Prinzipien«. Und er insistiert (Gewerkschaftsvorstände müssen von Gewerkschaftstagen gewählt und bestätigt werden): »Es ist nicht überzeugend, wenn der Deutsche-Bank-Vorstand sich praktisch selber hervorbringt, die einzelnen Mitglieder kooptiert, den Sprecher ernennt, und dies alles – soweit es effektiv wird – allenfalls in Abstimmung mit der Aufsichtsratsspitze. Kann es in einer freien Gesellschaft eigentlich zugelassen werden, daß fast ohne Kontrollen ein Gremium mit höchster Wirksamkeit entsteht? Kann man eigentlich seine Führung sich selbst ernennen lassen, sich also im wesentlichen nur selber kontrollieren? Die Bank und ihr Vorstand werden doch, wenn man es demokratisch im Sinne von Mitbestimmung usw. sieht, zu einer gleichsam exterritorialen Größe. Die einzige wirkliche Kontrolle scheint mir gegenwärtig die Presse zu sein. Doch das kann nicht reichen, zumal die übrigens ähnlich kontrolliert ist wie die Nummer 1. Wenn ich das sage, bin ich mir bewußt, daß ich eher ein Problem nenne, als daß ich eine Antwort wüßte.«

Warum wir »political animals« brauchen

> *Wenn wir in einer Gesellschaft
> leben würden, in der Wahrheit eher
> eine Selbstverständlichkeit ist,
> wäre Alfred Herrhausen nicht so
> auffällig.*
> Augustinus H. Henckel-Donnersmarck

»Ist Alfred Herrhausen ein ›political animal‹, oder mischt er sich gerne ein, um seiner Bank zu dienen?« frage ich den Prämonstratenserpater Augustinus, Freund und kritischer Ratgeber des empfindsamen wie empfindlichen Bankiers. Heinrich Henckel-Donnersmarck, wie Augustinus mit bürgerlichem Namen heißt (den »Graf« läßt er auf Visitenkarten und bei anderen Plakatierungen beiseite), tastet sich erst einmal an den vielschichtigen Begriff heran, um auf das für ihn Wichtigste zu kommen: »Er ist kein ›political animal‹ in dem Sinne, daß er Macht einsetzen will oder aus Freude am politischen Geschäft handelt. Bei ihm ist es das Verantwortungsbewußtsein für das Gemeinwesen; er kann Problemen nicht bewußt aus dem Wege gehen, wie es

ja doch Usus ist. Dabei ist es ihm einigermaßen gleichgültig, ob er sich oder der Bank schadet. Seine Haltung etwa in der erbitterten Diskussion über die Schuldenkrise der Dritten Welt ist ein Beleg dafür. – Wir kennen ja auch die, die kein anderes Programm haben, als daß sie dieses oder jenes Amt haben und halten wollen, beispielsweise Bundeskanzler zu sein.«
Augustinus ist ein Mann der Praxis, der viele Politiker und Unternehmer kennt. Als Leiter des »Katholischen Büros Nordrhein-Westfalen/Kommissariat der Bischöfe« ist er Vertreter der katholischen Kirche gegenüber der Landesregierung und dem Landtag. Ich frage nach, ob Herrhausens Credo lauten könnte: »Das Politischste, was man tun kann, ist, die Wahrheit zu sagen.«
»Ja, unbedingt. Leider haben wir zu wenige dieser ›political animals‹, die sich leidenschaftlich für das Gemeinwesen engagieren. Und dieses Defizit kann auf Dauer eine Gefahr für das Gemeinwesen werden. Wenn wir in einer Gesellschaft leben würden, in der Wahrheit eher eine Selbstverständlichkeit ist – und darauf lege ich besonders im politischen Kampf Wert –, wäre Herrhausen wahrscheinlich nicht so auffällig. Seine Wahrheitsliebe macht ihn im Grunde genommen furchtlos. Und wenn dies jemand praktiziert, dann hat das in dieser Gesellschaft einen erheblichen Aha-Effekt.«

Die merkwürdig unpolitische Haltung

Der »Politiker« der Kirche spricht nicht nur prinzipiell über ein wichtiges der Zehn Gebote, wie man es von dem Seelsorger, Domprediger in Essen und ehemaligen Gymnasiallehrer erwartet. Er beklagt etwa, daß zu wenige Politiker anerkennen, daß der politische Gegner richtig argumentiert und handelt, und immer wieder versuchen, etwas herunterzureißen. Bei dem häufig zu beobachtenden Verbalradikalismus dürfe man sich nicht wundern, daß auch die Bürger radikal zu denken beginnen. Und wie verhält man sich in der Wirtschaft? spiele ich auf die häufigen Kritiker Herrhausens im Unternehmerlager an. »Dort dominiert die merkwürdige Haltung, in politischen Dingen sich nicht zu engagieren. Obwohl es doch keinen Zweifel geben kann, daß die Wirtschaft der wichtigste Faktor in der Politik ist. Also darf man doch nicht nur die Interessenverbände machen lassen. Die Ereignisse in der DDR und im Ostblock haben uns wieder einmal deutlich vor Augen geführt, wie wichtig der Zusammenhang zwischen Wahrheit, wirtschaftlicher Freiheit und individueller Freiheit ist. In einer Wohlstandsgesellschaft gehen offenbar auch dann wichtige Erkenntnisse verloren, wenn die Freiheiten gegeben sind.«

*Die Klage über zuviel Staat
und das eigene Versagen*

Wir unterhalten uns über das kompliziert-komplexe Wirkungsgeflecht unserer Demokratie, über die *Unter-uns-gesagt-Gesellschaft* der Regelungsbevollmächtigten, die oft nur hinter vorgehaltener Hand nicht ökonomisch mit der Wahrheit umgehen. Man lehnt sich bequem zurück, läßt die anderen die Defizite beseitigen. Zugespitzt gefragt: Darf Politik allein den Politikern, Wirtschaft allein den Unternehmern wie Managern überlassen werden? Augustinus, der auch nicht andeutungsweise dazu neigt, Ökonomie mit Ökumene zu verwechseln, spricht von einer großen Sorge: »Viele meinen, es genügen zur Korrektur die Interessenverbände, die Gewerkschaften, die Wissenschaft, die Kirchen und die Medien. Dabei übersehen sie, daß es im Falle der Interessenverbände auf die ökonomischen Interessen allein nicht ankommt, die Kontrolle durch die Medien usw. nicht reicht. Denken Sie nur an die Umweltprobleme, die lange Zeit bagatellisiert worden sind. Hätte man sich früh genug an die ganze Wahrheit gehalten, wären die verantwortlichen Politiker imstande gewesen, eher zu handeln. Wenn dann der Zwang zu gesetzlichen Auflagen unausweichlich wird, klagt man gerne über zuviel Staat. Meine Schlußfolgerung: Politik darf fast nie allein den Politikern überlassen werden. Aber: Unternehmer, Gewerkschaften usw. dürfen ebenfalls nicht schalten und walten, wie sie es für ihre Interessen als das beste ansehen. In diesem Sinne engagieren sich nur wenige wie Alfred Herr-

hausen, scheuen die Risiken, die sie dabei eingehen. Muß man denn zu Verantwortungsbewußtsein erst gezwungen werden, sei es durch schlechte Verhältnisse oder durch den Staat?«
Ist eine Elite mit zuwenig Moral und mangelnder Wahrheitsliebe gefährlicher als etwa Umweltkatastrophen?
»Dies hat die Geschichte immer wieder bewiesen, wie etwa seit langem im Ostblock. Dieses Desaster sollte uns aber nicht selbstzufrieden stimmen. Warten wir ab, wie es in dieser Gesellschaft wird, wenn etwa die ständige Wohlstandssteigerung nicht mehr funktioniert. Hier ist schon heute unabdingbar, daß die Einflußreichen mehr von ihrer Skepsis öffentlich mitteilen, die sie über die nächsten Jahrzehnte hegen.«
An dieser Stelle sei auf ein Gespräch mit Herrhausen hingewiesen, das wir im Verlauf des Buches skizzieren. Der Bankier sieht in der Doktrin Nummer 1 des ständigen Mehr und Mehr die größte Bedrohung für unsere Republik.

Fassadismus der Macht

Mit einem Freund Herrhausens und Wirtschaftskenner nicht über die Macht zu diskutieren wäre zumindest eine Sünde der Unterlassung. Wir beginnen mit dem Fassadismus der Macht; Augustinus hat die zwei prächtigen Glastürme der Frankfurter Hauptverwaltung im Visier: »Für mich ist dieser Bau Ausdruck einer gewissen Schizophrenie: unten der relativ kleine Sockel und darauf die zwei riesigen glitzernden Türme.

Jeder Kunde erwartet von der Deutschen Bank, daß sie ein faires Geldinstitut ist, daß sie sein Geld ordentlich verwaltet, daß sie ihre Macht maßvoll und ohne Hintergedanken ausübt. Daß sie aber durch die Kumulation von Größe und Einfluß auf eine Größenordnung gehoben ist, wo das Bankgeschäft nur dieser Sockel ist und da oben in den Glastürmen über ganz andere Dinge entschieden wird und werden muß, wie etwa über die Schuldenkrise der Dritten Welt, das begreift der Normalkunde selbst dann nicht, wenn er einen 100-Millionen-Kredit der Bank hat. Sein Blickwinkel wird eben durch die eigenen Lebensbezüge dominiert. Und in diesem Spannungsverhältnis wird es schwieriger, es jedermann recht zu machen, zumal jeder glaubt, er habe ein kompetentes Urteil.«

Vor seinem Hausbankier ist keiner groß

Und Ihre Meinung zum Spannungsverhältnis zwischen Macht und moralischem Kredit?

»Vor dem Kammerdiener ist niemand groß, vor seinem Hausbankier notwendigerweise auch keiner. Die Manager, die glauben, daß zwischen ihnen und dem lieben Gott überhaupt nichts mehr ist und daß noch nicht ausgemacht sei, ob Gott nicht unter ihnen angesiedelt sei – diesen Typus kennen sicher auch Sie in vielen Exemplaren. Natürlich bin auch ich der Meinung, daß Macht unvermeidlich ist. Aber es geht doch immer wieder entscheidend um die wirtschaftliche und soziale Verantwortung.«

Haben Sie darüber mit Herrhausen gesprochen?
»Natürlich. Meine Sympathie für ihn ist auch darin begründet, daß er diesen Aspekt sieht und nicht aus dem Auge verliert. Deshalb muß auch über die Macht der Großbanken diskutiert werden, wie er es ja – bei allen Relativierungen – immer wieder getan hat. Meines Erachtens neigen alle diese Institutionen dazu, nach Art und Weise der Schreibtischstrategen zu entscheiden, nur noch ihren eigenen Nutzen im Auge zu haben und nicht mehr die Frage zu stellen: Was bedeutet das für die, die mit uns im Boot sitzen? Das ist bewußt zugespitzt formuliert, um ein Problem deutlich zu machen.«

Sachverstand und charakterliche Qualifikation

Läßt sich das in Mammuts wie der Deutschen Bank überhaupt vermeiden?
»Da liegt eine der großen Schwierigkeiten für die, die ein so großes Institut führen müssen. Sie sind ja auf den Sachverstand von Leuten angewiesen, die sie in 99 von 100 Fällen nach der Sachkompetenz aussuchen, aber in höchstens 10 von 100 Fällen auch nach ihrer charakterlichen Qualifikation beurteilen können, wenn sie es denn wollen. Daraus folgert, daß man vieles nicht steuern kann.
Um so wichtiger ist deshalb das Bewußtsein dieses Problems. Wir dürfen nicht blind werden dafür, daß im System selber viele Ursachen liegen können, Mißbrauch zu treiben. Denken Sie nur an die Insiderpro-

blematik bei Wertpapiergeschäften. Und hier schließt sich der Kreis zum Thema Wahrheitsliebe: *Ich kann mich auch dadurch der öffentlichen Kontrolle entziehen, indem ich bestimmte Tatsachen nicht mehr ausspreche!«*

3. Kapitel

Die Unter-uns-gesagt-Gesellschaft

> *Es bedarf des Mutes, unpopuläre Wahrheiten auszusprechen und nicht zu unterdrücken, übertriebene Hoffnungen zu dämpfen und nicht zu stimulieren, keine Versprechungen zu machen, die man hinterher nicht einhalten kann.*
>
> Alfred Herrhausen

Was die wenigen »political animals« außerhalb der politischen Parteien (und dort haben die verschlagenen Taktiker fast immer das Übergewicht) motiviert, zeigt – vergrößert wie durch ein Brennglas – die Revolution in der DDR und im Ostblock: *Wahrheiten, die unterdrückt werden, werden mit der Zeit giftig.* Mit Herrhausens Worten gesagt: »Freiheit – und Offenheit, die damit einhergehen muß – wird uns nicht geschenkt. Die Menschen müssen darum kämpfen, immer wieder.« Sollten Sie glauben, da drohe uns in der freiheitlichen sozialen Marktwirtschaft keine Gefahr, weil sie Demokratie garantiere, dann sind Sie bestenfalls Optimist. Freiheit und Wohlstand werden schleichend demontiert, nicht innerhalb kurzer Zeit.

Dies war zweifellos eine Hauptsorge des Bankiers, durch das Wegverschweigen von Fakten die Mitschuld für Fehlentwicklungen auf sich zu laden. Ich konnte ihn vor allem deshalb zur Mitwirkung an diesem Buch bewegen, weil mir dafür ein »politisches« Konzept vorschwebte. Als wir zum erstenmal ausführlich darüber reden, begründe ich, warum wir meines Erachtens in einer *Unter-uns-gesagt-Gesellschaft* leben, in der fast alle Einflußreichen allenfalls im kleinen Kreis nicht ökonomisch mit der Wahrheit umgehen. Dies darzulegen, dafür sei ein Buch, das sich um eine Person ranke, vielleicht nützlich. Herrhausen findet den Begriff *Unter-uns-gesagt-Gesellschaft* sehr treffend, erzählt von den Essentials seiner gesellschaftspolitisch-philosophischen Rede, die er am Abend vor dem Hamburger Überseeclub halten wird, fragt nach meiner Sicht der Schlüsselprobleme, die auf Dauer unsere Ordnung untergraben könnten.

Ich schicke voraus, daß jede Gruppierung ihre eigenen *Schweigespiralen* pflege, wie mit Leukoplast vorm Mund agiere; nur wenn es den Gegner anzugreifen gelte, gleiche das Vokabular zu oft dem Holzhammer, woraus der Beobachter allgemein die Schlußfolgerung ziehe, die Opponenten übertrieben und verschwiegen:

Die Umweltgefahren gestehen wir uns inzwischen ein, aber: Ist der Geist schon aus der Flasche?
Wie bewältigen wir die Schuldenproblematik unseres Staates (inklusive der Schuldenkrise der Dritten

Welt und des Ostblocks), die mit wachsenden Zins- und Tilgungszahlungen wie eine Zeitbombe tickt und künftige Generationen schwer belastet?

Warum bleibt trotz des lange Zeit guten Wirtschaftswachstums die Zahl der Arbeitslosen, der Sozialhilfe- und Wohngeldempfänger so hoch? (Eine Wirtschaftsflaute wird dies politisch brisant machen.)

Kann schon die nächste Generation noch unsere Rentenversicherung zahlen und den üppigen öffentlichen Dienst?

Verhindert unsere Prozeßgesellschaft, in der man nahezu jedes Bauvorhaben beliebig in die Länge ziehen kann, ausreichend Investitionen, die den Wohlstand sichern? (Beispiele Fern- und Nahverkehr zugunsten der Schiene, neue Fabrikationen wie Biotechnologie, Kraftwerke, Müllverbrennungsanlagen.)

Welche Auswirkungen auf die politische Kultur hat es, daß fast ausschließlich Berufspolitiker agieren?

Wie stark wird die wachsende Korruption die Ordnung untergraben, politisch radikale Kräfte begünstigen? Wirtschaftskriminalität und Ethikdebatten haben ja Konjunktur.

Leben wir in einer *Nimm-was-du-kriegen-kannst-Gesellschaft*, in der Gemeinsinn, Subsidiaritätsdenken unterentwickelt sind?

Die Verantwortung der Elite

Welchen Stellenwert werden die radikalen Politiker bekommen, wenn das Wirtschaftswachstum einmal für ein paar Jahre ausbleibt? Wann werden immer mehr junge Leute den Zynismus durchschauen, mit dem viele Einflußreiche die Probleme schleifen lassen? frage ich bilanzierend Alfred Herrhausen. Der Bankier stimmt der Problemanalyse zu, lenkt das Gespräch auf die Verantwortung der Eliten in Wirtschaft und Wissenschaft, »ohne deren intakte Moral und Bereitschaft, nicht nur in abgeschotteten Kreisen ihrem Geschäft nachzugehen, eine Gesellschaft Schaden nehmen muß. Wenn sich die anspruchsvolleren Leute aus den Belangen des Staates heraushalten, dann muß auf Dauer vieles schiefgehen.«
Nehmen die Verantwortlichen sich überhaupt die Zeit, wichtige Dinge anzupacken, die scheinbar neben ihrem Geschäft liegen? Müssen immer intelligentere Ausreden her, um das notwendige Engagement zu meiden?

»Ich fürchte, daß selbst für die Engagierten die Zeitfrage das Haupthindernis ist. Wir leben in einem gewissen Robotismus.«

»Illusionäres Wachstumsdenken«

Die gesellschaftliche Doktrin Nummer 1 ist meines Erachtens »Das ständige Mehr und Mehr«; die meisten Leute sehen in unserem System den Garanten für steigenden Lebensstandard, sie werden maßlos enttäuscht sein, wenn dieser ausbleibt. Ist dieses konditionierte Wachstumsdenken eine Bedrohung?

»Enttäuschung begünstigt vermutlich Politiker, die mit einfachen, aber falschen Rezepten den Wählern den Glauben vermitteln, da müßten nur neue Kräfte her, um die Probleme zu lösen. Natürlich läßt sich ständiges Wachstum nicht garantieren, so gesehen ist dies eine Bedrohung, die negiert wird.«

Ist es zu verantworten, so zu tun, als ob das Wirtschaftswachstum anhalten könnte wie in den vergangenen Jahrzehnten? Müssen wir uns dazu bekennen, daß die *Zielkonflikte des ständigen Mehr und Mehr* schärfer werden?

»Die Vorbereitung der Öffentlichkeit darauf, daß die Bäume nicht in den Himmel wachsen, ist ein Gebot der Vernunft. Es wäre illusionär anzunehmen, daß wir unaufhaltsam Wachstumsraten produzieren können, in welcher Größenordnung auch immer. Ich glaube, darin liegt eine sehr wichtige Aufgabe der politischen Aufklärung.«

Nun haben ja radikale Parteien ohnehin bereits Zulauf. Diese neigen dazu, den Staat stärker ins Amt zu setzen.

»Ja, wenn sich diese Tendenzen verstärken würden, sehe ich darin eine echte Gefahr. Aber ich glaube immer noch an die allgemeine Vernunft, auch an die der Wähler.«

Nun wäre die Gefahr besonders dann groß, wenn die Wirtschaft nicht mehr floriert. Dann wird automatisch die Arbeitslosigkeit drückender.

»Das ist richtig, wie Sie es beschreiben. Die Gefahr wäre dann größer. Aber gerade mit staatsinterventionistischen Mitteln können wir die Gefahr nicht bannen, das hat ja unsere Entwicklung nach dem Zweiten Weltkrieg gezeigt, im Gegensatz etwa zu den Staaten des Ostblocks. Man löst die Probleme ja nicht dadurch, daß man Bürokratien entscheiden läßt, sondern Märkte. Mit nichts kann man mehr Staat machen als mit dem Markt, nach diesem Motto müssen wir verfahren.«

Das größte wirtschaftspolitische Unglück

Was wäre für Sie das größte wirtschaftspolitische Unglück?
»Das größte wirtschaftspolitische Unglück wäre der Rückfall in staatsinterventionistische, zentral geplante Strukturen der Wirtschaft. In denen würden die Millionen individueller Marktteilnehmer nicht mehr frei entscheiden können. Es würde nicht mehr Freiheit, sondern weniger Freiheit entstehen.«
Und welches Problem ist für Sie das drückendste?
»Die ökologische Problematik. Wenn wir hier nicht verantwortungsbewußt handeln, werden wir diesen Erdball unbewohnbar machen durch die vielen Umweltschäden, die wir ja jetzt schon absehen können. Freiheit und Verantwortung sind siamesische Zwillinge; man darf Freiheit nicht verstehen als eine Wahl zu unbegrenzter Emanzipation von Selbstverwirklichung, dann geht sie meines Erachtens verloren.«

Und wie beurteilen Sie die politischen Gefahren, die durch die sogenannte Glaubwürdigkeitslücke für die Handlungsbevollmächtigten in Politik, Wirtschaft, Gewerkschaften entsteht und bereits entstanden sind?
»Dieses Problem muß man ständig im Auge haben. Man kann nie genug für die eigene Glaubwürdigkeit tun. Man darf die Dinge nicht illusionär überhöht darstellen, nicht verzerren oder sogar verdrehen. *Dazu bedarf es des Mutes, unpopuläre Wahrheiten auszusprechen und nicht zu unterdrücken, übertriebene Hoffnungen zu dämpfen und nicht zu stimulieren, keine Versprechungen zu machen, die man hinterher nicht einhalten kann.* Es ist eine Frage der Nüchternheit, mit der man Sachverhalte darstellt. Grundsätzlich gesagt: *Wir müssen nicht nur das, was wir denken, auch sagen. Wir müssen das, was wir sagen, auch tun. Und wir müssen das, was wir tun, dann auch sein.*«
Beispiele für mangelnde Glaubwürdigkeit?
»Denken Sie etwa an die Quellensteuer, die der Regierung einen großen Vertrauensverlust eingebracht hat, weil ihr Ziel trotz unserer Warnungen als erreichbar dargestellt wurde. Oder das Besitzstandsdenken: Warum bleiben so viele gesellschaftliche Strukturen so starr, und warum fallen notwendige Reformen so schwer oder unterbleiben? Warum ist es so schwierig, die notwendige Flexibilität beispielsweise in der Arbeitszeitfrage einvernehmlich zu regeln?«

Die Wohlstandsroutine

Apropos Besitzstandsdenken: Da unterscheiden sich unternehmerisch Tätige nicht von Arbeitnehmern.
»Das ist meine Erfahrung auch. Obwohl ja doch Marktwirtschaft auch heißt, es dürfen und können keine Besitzstände garantiert werden. Der Staat muß sich möglichst aus den wirtschaftlichen Entscheidungen der Menschen heraushalten, wenn man von den notwendigen Rahmengesetzen absieht.«
Haben Unternehmer und Manager eine besondere Verantwortung in einer Ordnung, die den unbegrenzten Besitz von Firmenvermögen erlaubt? Begnügen sich Handlungsbevollmächtigte an den Schaltstellen meist mit Wohlstandsroutine, vielleicht auch deshalb, weil sie ausgesorgt haben?
»Die besondere Verantwortung ist allein deshalb gegeben, weil Eigentum bekanntlich verpflichtet, wie es im Grundgesetz steht. Und was die Wohlstandsroutine betrifft, so hoffe ich, daß Sie das nicht ganz richtig sehen. Wer sich in seinen öffentlichen Äußerungen kaum oder nicht engagiert, vorenthält unserer Demokratie etwas.«
Die Unternehmer und Manager dürfen also nicht als Galionsfiguren herumstehen?
»So sehe ich es.«
Ist es heute schwieriger als früher, in den Augen der Öffentlichkeit ein achtbarer Mann zu sein?
»Ja. Die intensive Diskussion über ethisches Verhalten in den Firmen ist ein Beleg für viele. Eine emanzipierte Gesellschaft verlangt nach dem offenen Visier.«

Es ist besonders schwierig, jungen Leuten wie Wirtschaftsunerfahrenen die Ethik des eigenen Handelns plausibel zu machen, zumal nicht nur die nicht wissen, daß die Kunden der Firmen sich nicht von sozialen Gesichtspunkten leiten lassen, wenn sie Waren kaufen...
»Wer dies erfaßt hat, begreift auch, warum möglichst viele Handlungsbevollmächtigte, wie Sie sie nennen, sich öffentlich engagieren sollten; damit meine ich nicht nur die Medien.«

Unser Gespräch kreist längere Zeit um die schleichenden Prozesse, die unmerklich Sand ins Getriebe der Wirtschaft streuen, unmerklich deshalb, weil viele kleine, in ihrer Wirkungsvielfalt unübersehbare Rädchen ineinandergreifen. Übrigens sehen sich meiner Erfahrung nach die meisten Bürger auch als kleine Rädchen im Staatsgetriebe, aber im negativen Sinne: Sie meinen, daß sie nichts bewirken können, und begründen damit, warum sie sich nicht engagieren. Sie halten unbewußt nach Führerfiguren Ausschau, die die Dinge für sie regeln; sie sind deshalb in Krisenzeiten für die Ayatollahs der Politik empfänglich.

Alfred Herrhausen betont erneut die Pflicht der Eliten wie jedes Bürgers, wachsam und kritisch zu sein, verweist auf zwei der Editorials, die er seit 1980 für den Geschäftsbericht seiner Bank schreibt, nämlich: Brauchen wir Eliten? Und: Der Staat – das sind wir selbst. Hier zur Abrundung unseres Gesprächs über die *Unter-uns-gesagt-Gesellschaft* zwei Auszüge, die jeweils das Fazit markieren:

»Die Wirtschaft ruft nach guten, nach erstklassigen Köpfen. Ihre Probleme sind so groß und entscheidend, daß die Besten ihr gerade gut genug sein müssen. Deren erfolgsorientierte Kreativität und pragmatische Wissensanwendung sind notwendige und in vielen Fällen hinreichende Voraussetzungen dafür, daß die Schwierigkeiten gemeistert werden. Krisenbewältigung erfordert neben dem rechtzeitigen Erkennen der Gefahren und einem großen Potential an Können und Erfahrung nationaler und internationaler Art viel Hingabe, oftmals Schonungslosigkeit der Führungskräfte gegen sich selbst und den Anreiz der Anerkennung für vollbrachte Leistungen. Es kann keinen Zweifel darüber geben, daß die Leistungs- und Konkurrenzfähigkeit unserer Volkswirtschaft in entscheidendem Ausmaß von der Intelligenz und dem Können derer abhängen, die in ihr arbeiten. Das Feld für Tüchtige ist nicht kleiner, es ist fortwährend größer geworden.

Gleiches gilt gewiß auch für die Politik und die öffentliche Verwaltung, gilt für Kunst und Kultur, für Medien und Diplomatie. Hier stellt sich die Frage nach der Fähigkeit des politischen Systems, Probleme zu verarbeiten. Es ist zugleich die Frage nach der demokratisch-politischen Kultur der Gesellschaft, der gerade in Zeiten, in denen der Wohlstand nicht mehr steigt, erhöhte Bedeutung zukommt. Je größer das geistig-moralische Potential eines Landes, um so weniger dürfte es den in solchen Zeiten latenten Versuchungen durch verunsichernde Irrationalismen der verschiedensten Art anheimfallen.

Ein Land wie die Bundesrepublik Deutschland, klein,

eng, in der Nation geteilt und ohne natürliche Ressourcen, braucht Eliten. Aber es wird sie nur bekommen und auf Dauer behalten, wenn die Menschen in ihm es so wollen, weil sie einsehen, daß die Förderung von Begabten keine ungerechte Bevorzugung einzelner zu Lasten der Mehrheit bedeutet, sondern daß sie dem gemeinsamen Wohl aller dient. Es müssen offene Eliten sein, bei denen nicht ererbte oder formale Zugehörigkeiten zu bestimmten Schichten den Ausschlag für den Zugang geben, sondern allein die individuelle Leistung gepaart mit Integrität und Verantwortungsbewußtsein gegenüber dem Ganzen. Das können wir verstärken, wenn es gelingt, den gegenseitigen Austausch, die Mobilität der Begabten zu verbessern, damit Funktionseliten nicht zu hochgezüchteten Spezialisten verkümmern.

Was wir brauchen, ist ein breiter Bildungskanon, auf dem man aufbaut und der es der Gesellschaft ermöglicht, alle schöpferischen Kräfte für ihre harmonische Fortentwicklung auf hohem Niveau einzusetzen. In einem solchen Umfeld wächst dann auch das Außerordentliche.«

Der Staat – das sind wir selbst

»Alle Güter und Dienste, die der Staat gewährt, müssen finanziert werden. Unaufhaltsam stülpen sich über das ganze Gesellschaftssystem eine riesige finanzielle Deckungslast und eine schwerfällige Bürokratie, die gleichwohl Ungerechtigkeiten und eine Art von Refeudalisierung nicht verhindern können, weil eine Gruppe zu Lasten anderer Gruppen mit Hilfe des Staates Vorteile

erzielt.* Es kommt der Augenblick, in dem die Bürger feststellen, daß ›aus Wohltat Plage wird‹ und die Großzügigkeit des Systems einen Preis verlangt, den alle bezahlen müssen. Die Vorstellung vom Staat als Gegenpol, als eigenständige Ganzheit jenseits der Gesellschaft, erweist sich zunehmend als Irrtum. Staatliche Allzuständigkeit führt unweigerlich zu staatlicher Allmacht und Arroganz, die durch immer weiter um sich greifende finanzielle und rechtliche Entmachtung der einzelnen gespeist werden müssen. Freiheit, Würde und Wohlstand des Individuums gehen nicht mit einem Schlag verloren, sie werden schleichend kleiner. Die säkularisierten Heilserwartungen, die wir an den Staat adressieren, richten sich letztlich gegen uns selbst; denn der Staat besitzt kein Füllhorn, aus dem er mehr verteilen könnte als das, was wir ihm zum Verteilen geben. Staatliche Leistungen sind immer umverteilte Leistungen. 70% der Steuern zahlenden Haushalte sind zugleich Empfänger finanzieller Transferzahlungen. Wir selbst kontrahieren ständig. Dabei geht in der komplizierten Überkreuzverflechtung von Leistungen und Belastungen im modernen Wohlfahrtsstaat die Übersicht darüber, wer letztlich gibt und wer erhält, fast völlig verloren. Doch ein jeder trägt Teile der Last.
Wichtiger noch ist dies:
Die gedankliche Trennung von Bürger und Staat schwächt die Identifikation, die menschliches Gemeinwesen erst begründet. Schon Immanuel Kant hat die

* Peter Koslowski, in: Chancen und Grenzen des Sozialstaats, Tübingen 1983, S. 2–7

Verbindung vieler zu einer demokratischen Gemeinschaft als eine Gesamtheit höherer Ordnung erklärt, die für sich und um ihrer selbst willen, nicht aber bloß als Mittel zum Zweck errichtet wird. Nur mit einem so verstandenen ›gemeinen Wesen‹ ist staatsbürgerliche Identifikation möglich. Sonst geht sie verloren. Dann steigen Menschen aus, wenden sich ab, protestieren oder resignieren. Für viele andere wird der Staat zu einer ihnen unverbundenen fremden Institution, der man ungeniert alle individuellen und kollektiven Schwierigkeiten zur Lösung überantwortet. Sie gelten dann im Zweifel als ›Sache des Staates‹.

Kennedys Wort ›Fragt nicht, was Euer Land für Euch tun kann, fragt vielmehr, was Ihr für Euer Land tun könnt!‹ hat zu Besinnung und Umkehr aufgerufen: Die Bekundung guter politischer Absichten muß ihre Zielrichtung ändern, das personale Defizit im Verhältnis Bürger–Staat muß beseitigt und der Staat wieder zur wahren All-Gemeinheit werden – als Gesamtheit aller Individualitäten, nicht als Kollektiv.

Das ist die Frage der staatsbürgerlichen Moral, ob und wie wir uns für unser Gemeinwesen einsetzen, ob wirkliche Teilnahme geübt wird auf den verschiedenen Feldern von Politik, Bildung und Kultur, Gesundheits- und Sozialwesen, Wirtschaft, Umwelt, Recht und Sicherheit. Ohne solche Teilnahme entdemokratisiert sich unsere Demokratie und verengt sich zum Herrschaftsmittel für wechselnde Teilinteressen und Machtstrukturen. Staatsbürger sind nicht nur Bürger im Staat – sie machen ihn aus.

Der Staat – das sind wir selbst.«

Die von Anfang an geschwächte Marktwirtschaft

Herrhausen und ich kreisen das Politik-Essential Marktwirtschaft ein, konkreter: die sozial verpflichtete Marktwirtschaft. Vereinfacht formuliert: Je besser die Marktwirtschaft funktioniert, desto besser dient sie dem Wohlergehen der Bürger. Sie ist bei der weit überwiegenden Mehrheit der Bundesbürger hoch angesehen, gleichwohl für viele ein undurchschaubarer Mechanismus, der kompliziert ist.

Vergessen wir nicht, daß Ludwig Erhards und seiner Mitstreiter Ideen von Anfang an verwässert worden sind. So ist die Wettbewerbsgesetzgebung unter dem Einfluß der parteispendenfreudigen Wirtschaft in den Instrumenten wie Sanktionen nicht ausreichend kontrollierend ausgefallen. Die Lobby erkämpfte Privilegien für Kreditgewerbe, Versicherungen, Stromerzeuger, Kohleindustrie, Teile der Verkehrswirtschaft und Landwirtschaft, Privilegien, die teilweise noch heute gelten, zum Nachteil der Verbraucher. Die Beteiligung der Beschäftigten am Produktivkapital wurde entgegen den Plänen von Erhard und weiteren Politikern verhindert.

Wenn man die Repräsentanten der Wirtschaft das Hohelied der Marktwirtschaft singen hörte, dann merkten nur die Fachleute, wie sie es wirklich meinten. Ihr Motto hätte lauten können: »Was heißt schon Marktwirtschaft! In der Bibel steht auch viel drin.« Auch heutzutage plakatieren die Unternehmer bei jeder Gelegenheit den Segen des Wettbewerbs, und insgeheim hoffen sie, daß er doch endlich nachlassen möge. Mit Ludwig Erhards Worten: *Die Marktwirtschaft muß man auch gegen Unternehmer durchsetzen und erhalten, weil sie zu Kartellabsprachen neigen und Naturschutzparks schätzen, damit sie leichter wirtschaften können.* Eine Ansicht, der sich der Bankier voll und ganz anschließt, zumal er die ersten Sporen in der Stromwirtschaft verdient hat. Er erkennt die *ordnende Hand des Staates* als einen Eckpfeiler der Marktwirtschaft an, aber mehr Markt wagen heißt für ihn, mehr Raum für Freiheit und Verantwortung zu schaffen. Gerechtigkeit bedeutet nicht: für jeden das gleiche.

»Keine bloße Einigung über Ziele und Ideale«

Herrhausen mied das überhöhende, zuspitzende Vokabular wie das unangenehm gußeiserne Gerede. Doch es gibt ein Bekenntnis, das sehr empathisch wirkt: »Ich liebe diese Bundesrepublik über alle Maßen.« Man erinnert sich an den verstorbenen Bundespräsidenten Gustav Heinemann, der auf die Frage, ob er sein Land liebe, indigniert geantwortet hat (weil ihm »Liebe« falsch gewählt war): »Ich liebe meine Frau.« Herrhausen, der die Not im Zweiten Weltkrieg, die zerbombten Städte und Opfer der Naziherrschaft erlebt hat, will mit diesem Bekenntnis begründen, was es an Positivem zu verteidigen gilt. Deshalb sind ihm Fehlentwicklungen ärgerlich, will er nicht akzeptieren, daß sich zu wenige gesellschaftspolitisch verpflichtet fühlen.

»Eine bloße Einigung über Ziele und Ideale ist seinem kritischen Geist verdächtig und unzureichend«, pointiert Unternehmensberater Manfred Meier-Preschany, der in seiner Zeit bei der Dresdner Bank für die gleichen Arbeitsgebiete zuständig war wie Konkurrent Herrhausen. »Er hat den Mut, Geltendes in Frage zu stellen, selbst wenn das die behagliche Ordnung und Ruhe zu stören drohte.« Hanns C. Schroeder-Hohenwarth, Aufsichtsratsvorsitzender der BHF-Bank und ehemaliger Bankenpräsident, sieht ihn als »Außenseiter, der nicht die alte Art verkörpert. Herrhausens Suche nach einer gesellschaftspolitisch-philosophisch fundierten Grundlage des Handelns gab es früher nur in Ansätzen. Ich kann ihm nur recht geben, denn wie die Unternehmen Public Relations verstehen, betont nicht den Kern des Unternehmertums.«

Helmut Schmidt über den Bankier und Redner

Bis heute wird von zwei Vorträgen geredet, die Alfred Herrhausen in zwei exklusiven Clubs hielt: Anfang 1989 in der »Frankfurter Gesellschaft für Handel, Industrie und Wissenschaft« und im Mai desselben Jahres zum 40. Jubiläum des »Hamburger Übersee-Tags« (hier ausführlicher zu den Themen Arbeit und Arbeitszeit). Seinen politisch-philosophischen Exkurs über die Gefahren des fehlerhaften Denkens spickte er mit Zitaten von Rosa Luxemburg und Ingeborg Bachmann, ebenso ungeniert sprach er über den Zwang zu fehlerfreiem *Denken*, was ihm später – meist hinter vorgehaltener

Hand – den Vorwurf der Arroganz und des unlogischen Denkens einträgt. Man lobt die Kunst der hohen Intellektualität, kritisiert die nicht eben leichte Verständlichkeit. In dieser Rede steckt viel an codierter Kritik, die Betroffene wegen der philosophischen Überhöhung nicht unbedingt auf sich beziehen, wie ich in Gesprächen anläßlich des Übersee-Tags in Hamburg merkte. Dort saß Helmut Schmidt, der in der Zeit seiner Kanzlerschaft des Bankiers Rat schätzte, direkt neben dem Redner Herrhausen. Ich besuche den Verleger und Herausgeber der »Zeit« am 9. November 1989 in seinem Hamburger Büro. Helmut Schmidt – wie Herrhausen Anhänger des Philosophen Sir Karl Popper – kurz und bündig, wie es seine Art ist: »Ein herausragender Kerl mit politischem Weitblick; ein schneller Denker und harter Arbeiter, der nicht vom Apparat manipuliert werden kann; einer der wenigen, die international gehört werden.«

Ich habe oft erlebt, wie Helmut Schmidt es unter vier Augen oder im kleinen Kreis mit der Wahrheit immer genau nahm, wenn er konkret gefragt wurde – was übrigens einen guten Teil seines Ansehens begründete –, aber unangenehme Wahrheiten in der Öffentlichkeit immer mal wieder umschiffte. Herrhausens Forderung nach »Wahrheit in der Öffentlichkeit« heraushebend und auf Konrad Adenauers drei Wahrheiten anspielend (»die einfache, die lautere und die reine Wahrheit«), antwortet der immer noch populäre Nachfolger des »Alten« zuerst mit seinem bekannten »Raubtierlächeln« und nimmt eine kräftige Prise Schnupftabak:

»Das ist als Forderung richtig. Aber wenn einer etwa in einer Hauptversammlung Tausende Aktionäre überzeugen muß, ist es nicht immer tunlich, alles zu sagen, was man denkt. Für jemanden, der alle vier Jahre wiedergewählt werden will, der muß doch viermal 52 Wochen eine große Zahl des eigenen Parteivolkes und dann noch das des Koalitionspartners mit sich ziehen, für den ist es gewiß nicht ratsam, alles Wichtige zu sagen, was er denkt. Verboten ist aber, zu sagen, was man nicht wirklich meint, also etwas in die Tasche zu lügen.«

»Leider viel Mittelmaß«

Zum Vortrag des Bankiers hat der Exkanzler zwar kritische Einwände (»Fehlerfreies Denken in einer von ihm selbst als ungewiß bezeichneten Zukunft kann es nicht geben«), gleichwohl gebe es hierzulande nur wenige führende Unternehmer, die ein eigenständig-kompetentes Urteil zu gesellschaftlich-philosophischen Fragen abzugeben in der Lage seien. Er nennt Daimler-Chef Edzard Reuter und den gerade verstorbenen VEBA-Vorstandsvorsitzenden Rudolf von Bennigsen-Foerder. Das gelte übrigens auch für die gegenwärtige bundesdeutsche Politik.

Und wie beurteilen Sie die führenden Unternehmer in ihrem konkreten gesellschaftspolitischen Engagement?
»Leider viel Mittelmaß, im Gegensatz etwa zu den USA, wo sich viele Unternehmer auch in Regierungsämtern engagieren. Die Namen, die ich genannt habe, und

noch ein paar wenige, dann hat es sich. Da kann man sich als Kanzler in geistiger Führung versuchen. Ich habe ja damals um des Rates willen viermal im Jahr Abendrunden im Kanzleramt gehabt: Industrielle, Banker, Gewerkschafter, Minister, Spitzenbeamte – wenn Sie wollen, das deutsche Establishment –, um zu debattieren. Die haben an unseren Sorgen teilgenommen und wir an deren. Mein Nachfolger redet nur noch mit Leuten, die er für unverdächtig hält; und Herrhausen macht seine Schnecke darüber.«

»Die politische Klasse«

Warum sollten etwa Unternehmer sich stärker politisch engagieren?

»Weil sie sonst das Feld nur der *politischen Klasse* überlassen, damit meine ich die Politiker sowie die Politik- und Wirtschaftsjournalisten. Wissen Sie, die sind dieselbe Sorte, die reichen vom Verbrecher bis zum Staatsmann; sie reden oder schreiben gerne über etwas, was sie morgen erst verstehen werden. Die haben zwar einen großen Entschuldigungsgrund für ihre Oberflächlichkeit, nämlich den Zeitdruck, unter dem sie schreiben, reden und entscheiden müssen. Aber daß diese *politische Klasse* des Rates bedarf, steht doch außer Zweifel, auch des Rates von bloßen Denkern wie Karl Popper, den Herrhausen ja auch in seinem Vortrag zitiert. Natürlich bedarf sie auch des Rates von Unternehmern, von Gewerkschaftern, des Rates aus dem Ausland. *Und mit Rat meine ich immer auch Kritik.*«

Nur ein bißchen Demokratie

Und zu Herrhausens Kritik, daß Politiker oft zu sehr dem Zeitgeist gehorchen?
»Er sagt, der Politiker hilft sich mit der öffentlichen oder veröffentlichten Meinung, mit dem Zeitgeist, dem er gehorcht. Das ist richtig. Aber es fehlt der wichtige Zusatz, daß der Politiker natürlich auch die Aufgabe hat, die öffentliche Meinung zu beeinflussen, er kann sie nicht nur entgegennehmen und sich danach richten. Natürlich wäre der Vergleich zwischen der Führung eines noch so großen Unternehmens und Regierungsämtern unzulässig; ich weiß, daß viele Unternehmer denken, daß man in der demokratischen Politik so schalten und walten könnte wie in ihren Firmen. Nehmen Sie nur als Beispiel die Deutsche Bank: Da ist allenfalls ein bißchen Demokratie.
Man muß doch wissen, daß Demokratie eine problematische Regierungsform ist, abgesehen von all den anderen, die wir schon ausprobiert haben, die sind miserabel. Wer Demokratie will um der Werte willen, der muß wissen, daß sie Tausende Allzumenschlichkeiten in Kauf nimmt, zum Beispiel, daß ein guter Regierungschef abgewählt wird, weil seine Frau Mist gebaut hat; oder weil der Regierungschef sich nicht so auszudrükken versteht, wie es das Fernsehpublikum gerne sähe. Mein Fazit: Ich empfehle den Unternehmern den Mut und das Engagement, das nicht wenige Politiker immer noch haben. Sonst enthalten sie der Demokratie etwas vor.«

4. Kapitel

Eine Kraftprobe à la Machiavelli – Im Schuldenturm: Schuldner wie Gläubiger

> *Eine falsche Politik der größten Nation trifft die ganze Welt, also auch uns.*
>
> Alfred Herrhausen

Die Geschichte dieser Kraftprobe, für Herrhausen wohl eine der schwierigsten und zeitaufwendigsten überhaupt, beginnt für mich am 28. August 1987 bei einer Trauerfeier, wo er mir sagt, die Schuldenkrise der Dritten Welt vertrage kein Schweigen mehr.
Der Anlaß paßt zu diesem Gespräch. Denn Freunde und Bekannte ehren Werner Blessing, der zu jung und vielleicht auch deshalb einem Herzinfarkt erlag, weil er als zuständiger Vorstand der Deutschen Bank ständig gezwungen war, in alle Welt zu reisen, um in führender Position das mühselige Krisenmanagement der gefährlichen Schuldenexplosion unter Kontrolle zu halten. Erinnern wir uns, daß nach 1982, als die Schuldenkrise offen ausbrach, Bankiers und Politiker die Angst vor einer allgemeinen internationalen Finanzkrise um-

trieb. Werner Blessing, Europakoordinator der Banken, mußte das unter den weltweit mehr als 800 Geldinstituten umstrittene Feuerwehrkonzept zusammen mit ein paar Kollegen mühsam voranbringen, Zentimeter um Zentimeter. Anders gewendet: Das offensichtliche Mißmanagement der fatalen Schuldendynamik durch die meisten Gläubiger wie die meisten Regierungen mußte bekämpft werden. Und: Werner Blessing stellte sich der Öffentlichkeit wie etwa Evangelischen Kirchentagen, die desto kritischer die Schuld-und-Sühne-Frage stellt, je tiefer die Risse in der Schuldenpyramide werden.

Der Tenor dort und anderswo: Die reichen Banken vergehen sich an den Armen der Welt; die Schulden müssen teilweise oder ganz erlassen werden; frisches Geld muß her. Die andere Stoßrichtung der öffentlichen Durchleuchtung: Wie leichtsinnig diese Bankiers doch handelten! Wie konnten denn diese Finanzakrobaten bis 1982 sage und schreibe 800 Milliarden Dollar in diese halb- oder unterentwickelten Staaten pumpen! (Bis Ende August 1987 waren es schon schwindelerregende 1200 Milliarden Dollar.) Also diese Banker, die sonst knallhart Kreditlinien sperren und kleiner Leute Häuser zwangsversteigern lassen; das Spiel treiben die doch nur auf Kosten ihrer Kunden, Aktionäre sowie der Steuerzahler!

Ich erlebte auf zwei Evangelischen Kirchentagen einen auskunftbereiten, auch um Kritik am Schuldenkrisenkonzept der vielstimmigen Banken und Regierungen bemühten Werner Blessing, gleichwohl auch viele Kritiker, die *Ökonomie* mit *Ökumene* verwechseln. Andererseits sieht er klar, daß das Image des kaltschnäuzigen Geldes nicht zu vermeiden ist, alleine der horrenden Zinsen wegen, die die hochverschuldeten Staaten zu zahlen haben. Konkret gefragt: Der *Wirtschaftscode* (der wie bei der Computermethodik mit 0 und 1 funktioniert) – das *Zahlen oder Nichtzahlen* – wird im Falle dieser Weltproblematik nicht mehr anerkannt. Die Gespräche mit Werner Blessing, vor allem über die Zustände in den finanziell ohnmächtigen Staaten, haben Alfred Herrhausen beeindruckt. Er schildert mir anläßlich der Trauerfeier in Schlagzeilen, was zu tun sei und warum: Wenn die Zinsen für die Schulden nicht gesenkt und die Schulden nicht teilweise erlassen würden, ginge es ohnehin wie mit den Firmen, die pleite gehen und bei denen man ja sowieso nur einen kleinen Teil der Kredite wieder eintreiben könnte. So oder so sehe man das Geld zum größten Teil nicht wieder, also sei es doch besser, den Ruin der Schuldnerländer zu vermeiden.

Die doppelte Schuldenkrise

Schuldner und Gläubiger sind also eng aneinandergekettet, sie sitzen gemeinsam im Schuldenturm, und beide müssen sich nach ihrer Mitschuld fragen, ja ins Kreuzverhör nehmen lassen. Ich frage Alfred Herrhausen nach der Verantwortung der Regierenden in den Industrienationen, und dann trifft er brisante Schlußfolgerungen:

Die Regierungen handeln kaum; im Verhältnis zum Problem überhaupt nicht. Jeder Regierungschef, jeder Finanzminister denkt an seine eigene Schuldenlast.

Müßte unsere Regierung auf die US-Regierung einen konstruktiven Druck ausüben, denn es sind ja vor allem die horrenden Gläubigerpositionen der US-Banken gegenüber den lateinamerikanischen Staaten, die die weltweite Schuldenreduktion gegenüber allen Entwicklungsländern so erschweren?

Ja, sie müßte! Aber sie tut es nicht, weil sie die deutsch-amerikanische Freundschaft nicht belasten will. Wenn aber die Amerikaner nicht konsequenter handeln, dann fährt der ganze Geleitzug der Schuldeneindämmung weiter zu langsam, so daß die Probleme automatisch ausufern müssen.

Und die USA stecken ja durch ihre Superetatschuld selber in einer Schuldenkrise. Ist die nicht noch gefährlicher als die Schuldenkrise der Dritten Welt?

Ja, es ist eine doppelte Schuldenkrise, die selbst den Industrienationen gefährlich werden kann. Denn sie sind von den USA wegen ihrer wirtschaftlichen und politischen Vormachtstellung abhängig, bis zur ständig stark im Kurs schwankenden Weltleitwährung Dollar. Also muß die Regierung Reagan gezwungen werden, den betroffenen Staaten stärker zu helfen, denn sonst tut sich vor allem für die ärmsten der armen Länder in Afrika zuwenig.

Zugespitzt gefragt, geht es bei dieser Weltproblematik also im Kern mehr noch um das Problem USA?

Im Prinzip ist es so, denn eine falsche Politik der größten Nation trifft die ganze Welt, also auch uns. Nur mit dem Unterschied zu unserer Politik, daß unsere Fehler die USA kaum in Mitleidenschaft ziehen können, aber umgekehrt deren Fehler die Bundesrepublik empfindlich treffen können.

Besteht sogar die Gefahr, daß die USA über eine schleichende Währungsreform nach außen, womit ich eine langsame Dollarabwertung meine, *ihre* Schuldenlast gegenüber den Gläubigern in aller Welt zu Lasten dieser Nation zu bewältigen versuchen?
Das sehe ich genauso als Gefahr. Aber da wird hoffentlich die Einsicht wachsen, daß auch Politik auf Kosten anderer den politischen Ruf ruiniert.

Der Bankier vermeidet Politikschlagzeilen

Herrhausen hatte, wie es seine Art ist, ein Thema nicht nur bis zu Ende analysiert, sondern auch ausgesprochen. Solche Damoklesschwerter, die über der Menschheit schweben, sind es, die ihn später dazu bewegen, die arrogant wirkende Formulierung von der »Notwendigkeit des fehlerfreien Denkens« zu gebrauchen.
Als der Bankier einen Monat nach diesem Gespräch zum erstenmal öffentlich an den bisherigen Ritualen des Krisenmanagements Anstoß nimmt, hat er mit einem doppelten Problem zu kämpfen. Er kann sich bei Kunden, Industriellen, aufmerksamen Steuerzahlern nicht genügend verständlich machen. Woran liegt das?
Er unterläßt es bewußt, die ganze Wucht des Politikums zu schildern, während alle Welt nur auf die Schuldner schaut. So haben auch die Bankierskollegen leichtes Spiel, denn sie können die Aufmerksamkeit der Öffentlichkeit auf die Fehler der betroffenen Län-

der lenken, sprich: falsche Ordnungspolitik, zu teures Militär, Korruption und Kapitalflucht.

Warum beleuchtet Herrhausen, nachdem er ein Tabuthema angerührt hat, nur noch die eine Seite des Weltproblems? Er sagt mir später, als ich ihn darauf aufmerksam mache, daß die gegen ihn inszenierte Glaubwürdigkeitskampagne wirkungsvoll bleibe, solange er nicht das ganze Ausmaß der Problematik schildere: »Ich muß Schlagzeilen wie ›Herrhausen kritisiert Kohl‹, ›Herrhausen kritisiert Reagan‹, ›Herrhausen befürchtet schleichende Dollarabwertung als Folge miserabler Politik‹ vermeiden.«

Was lehrt uns dies? Wenn Bankiers ihre Befürchtungen immer öffentlich machten, dann wackelten die internationalen Finanzmärkte öfter. Und: Die Sparer, die Anleger, die Steuerzahler, die Wähler haben ein Anrecht auf einigermaßen wahre Analysen! Und da hier ständig Zweifel angebracht sind, lohnt es, die eigene Information zu pflegen und zwischen den Zeilen zu lesen.

Mexikos Präsident gibt den letzten Anstoß

Wie gefährlich es für das eigene Ansehen in den eigenen Kreisen und bei Regierenden werden kann, wenn man aus der *Unter-uns-gesagt-Gesellschaft* ausbricht, bekommt der erst gut zwei Jahre amtierende Sprecher der Deutschen Bank schmerzvoll zu spüren, als er Ende September 1987 das Weltproblem eher beiläufig anspricht. Alfred Herrhausen schlägt in einer von Hunderten Wirtschaftsjournalisten besuchten internationalen Pressekonferenz vor – sein Sprecherkollege Friedrich Wilhelm Christians sitzt neben ihm –, für die am stärksten in der Kreide stehenden Länder auch über einen teilweisen Schuldenerlaß nachzudenken. Es scheint, daß Alfred Herrhausen den Ort der Handlung sorgfältig angesteuert hat, nämlich die traditionelle Jahrestagung von Weltbank und Internationalem Währungsfonds, wo es Brauch ist, daß Regierende und Notenbankgouverneure Finanz-, Währungs- und Wirtschaftsfragen erörtern sowie Tausende Bankiers aus aller Welt Geschäftskontakte suchen.

Der Deutsch-Bankier beweist zwar Mut, aber er handelt mehr spontan als nach Kalkül und Plan mit festumrissener Konzeption. Was er mir Ende August als großes Politikum schilderte, reift als Handlungszwang in einem Gespräch mit dem mexikanischen Präsidenten. Miguel de la Madrid hatte den international bekannten Bankier um ein Gespräch in Mexico City gebeten, Herrhausen besucht ihn während der Washingtoner Tagung. Der Präsident, dessen Regierung seit Jahren für eine Verbesserung der Kreditkonditionen kämpft, weist auf die harten Auflagen von Weltbank, Weltwährungsfonds, US-Regierung (Etatkürzungen, veränderte Ordnungspolitik) hin, die für die Prolongierung von Krediten und für die Vergabe von »fresh money« gefordert werden, und fragt Herrhausen: *Was würde Ihrer Meinung nach in Ihrem Land politisch passieren, wenn man die Bürger um einen größeren Teil ihres Lebensstandards bringen würde?*
Herrhausen, der des öfteren bewiesen hat, daß er eine besorgte Einstellung gegenüber dem Gemeinwohl un-

serer Republik hat, ist es nach dem Gespräch mit Miguel de la Madrid unmöglich, nicht direkt zu handeln. Zurückgekehrt nach Washington, nutzt er die Pressekonferenz für seinen Vorschlag, ohne allerdings zu ahnen, was folgt.

Noch in Washington wird für Herrhausen die Luft bleihaltig; jedenfalls überkommen ihn leicht martialische Gedanken, wie er ein paar Monate später einer Gruppe amerikanischer und englischer Journalisten in Gütersloh (eingeladen von der Bertelsmann-Stiftung) die helle Aufregung in der *banking community* schildert: »Nimm den nächsten Hubschrauber, und verlasse Washington, du wirst hier abgeschossen.«

Sein Kollege Christians distanziert sich, als er den kalten Gegenwind spürt. Die bundesdeutschen Konkurrenzbanker, die sehr bald Kontra geben, sind genauso aufgebracht wie Amerikaner, Engländer oder Japaner. Alle fühlen sich überfahren, weil sie in schwierigen Umschuldungsverhandlungen mit Brasilien stecken, denen andere Feilschmarathons vorausgegangen waren und weitere folgen sollten.

Die Bundesdeutschen nehmen diesen Alleingang offen wie versteckt als »unredlich«, »unsauber«, »unfair« ins Visier, als »schlimmes Spiel« eines Mannes, dessen Bank weitaus mehr von diesen faulen Krediten steuerlich absetzen konnte als ihre Konkurrenzinstitute, also in der Risikovorsorge weit voraus ist. Und die Auslandsbanken haben noch später mit Wertberichtigungen begonnen bzw. können bei weitem nicht die steuerlichen Möglichkeiten der bundesrepublikanischen Konkurrenten nutzen.

Der gestörte Kreislauf des Geldes

So verständlich die Gründe für die Kritik sind, so sehr ist diese Denkweise nach Art des Sohnes, der meint, wenn er sich die Hände erfriere, geschehe es dem Vater ganz recht, denn der habe ihm keine Handschuhe gekauft. Grundsätzlich gefragt: Läßt sich die Verantwortung der Schuldner eigentlich höher bewerten als die der Gläubiger?

Denn als die Banken im großen Kreditstil, nahezu versessen miteinander wetteifernd, sich in die Ferne wagten, um Hunderte von Milliarden Dollar über die ebenso gierigen Nehmer zu stülpen, gingen sie da nicht große Risiken ein?

Man wird einwenden, die OPEC-Staaten zogen ja mit Hilfe von Kartellabsprachen und zwei Ölpreiswucheraktionen Superprofite an Land und es ging darum, diese wieder dem weltweiten volkswirtschaftlichen Kreislauf zuzuführen. Gewiß, aber seit wann müssen Kreditgeber ihre Risiken nicht mehr kalkulieren?

Und ebenso gewichtig ist doch wohl, wenn über Schuld und Sühne gestritten wird, daß die Industrienationen ihre im Überfluß produzierten Waren eben nur deshalb in den Schuldnerländern abzusetzen in der Lage waren, weil die Kreditorgie die Wege ebnete.

Ergo ist es wohl nur konsequent gedacht, wenn der gestörte Kreislauf des Geldes wieder flüssiger gemacht wird.

Ja, man kommt sogar an der bitteren Erkenntnis nicht vorbei, daß viele Banken abhängiger von den Schulden der Habenichtse sind – und dies gilt vornehmlich für die US-Institute – als die Habenichtse von ihren Geldgebern. Natürlich brauchen sie frisches Geld, wie auch die Industrien der saturierten Nationen Kunden brauchen, weshalb aus ihrer Sicht dem schlechten Geld durchaus gutes nachgeworfen werden kann.

Zitieren wir den brasilianischen Wirtschaftswissenschaftler Celso Ming, um die Abhängigkeiten voneinander zu verdeutlichen: »Wenn ich eine Million Dollar Schulden habe, bin ich verloren. Aber wenn ich 50 Milliarden schulde, sind die Bankiers verloren.«

Auf jeden Fall spiegelt sich in diesem immer noch schwelenden Weltbrand – wirtschaftlich, finanziell, politisch gesehen – die Erkenntnis der Physiker, das alles von allem kommt.

Alfred, verdirb es nicht mit deinem Publikum!

Wer die Wahrheit sagt, braucht schnelle Pferde (chinesisches Sprichwort). – Zurück aus Washington, hat Herrhausen wochenlang damit zu tun, irritierte Vorstandskollegen, Industrielle, Kunden und Regierungspolitiker mit seiner Argumentationskette vertraut zu machen. Der Angegriffene schiebt Detailanalysen nach, wiewohl das Thema so komplex ist, daß für viele nur der Saum des Sachverhaltes sichtbar wird.

Die Opposition im Bundestag konstatiert, Herrhausen habe ihre Forderungen vertreten. Der Bundesfinanzminister (an Steuermindereinnahmen, Schuldenberge und die ohnehin schon erschreckend hohe Zahl der fallierenden Entwicklungshilfe-Rückzahlungen den-

Alfred Herrhausen. Wohl kaum jemand beherrschte die Wirtschaftsszene so souverän wie dieser Banker, der als Vorstandssprecher der Deutschen Bank Maßstäbe gesetzt hat.

1970 wechselte Alfred Herrhausen von den Vereinigten Elektrizitätswerken (VEW) zur Deutschen Bank. Er gehörte neben Robert Ehret und F. Wilhelm Christians (v.l.) dem Vorstand an.

Die großen drei: Alfred Herrhausen, Wolfgang Röller (Dresdner Bank) und Walter Seipp von der Commerzbank (v.l.).

Die Deutsche Bank kann auch 1987 auf ein beachtliches Ergebnis verweisen. F. Wilhelm Christians und Alfred Herrhausen bei der Vorlage des Geschäftsberichts im Rahmen einer Bilanzkonferenz im März 1988.

Die Deutsche Bank und die deutsche Wirtschaft. Ohne Alfred Herrhausen hätte Daimler-Benz-Chef Edzard Reuter das Fusionsprojekt mit MBB wohl kaum in die Tat umsetzen können.

Alfred Herrhausen und Edzard Reuter verband mehr als nur Busineß. Hier im Gespräch während einer Aufsichtsratssitzung der Deutschen Bank im Dezember 1988.

Veba-Vorstandsvorsitzender Rudolf von Bennigsen-Foerder und Alfred Herrhausen erläuterten im Februar 1989 die Ziele des »Initiativkreises Ruhrgebiet«. In ihrer Mitte der Essener Bischof Franz Hengsbach.

Führende deutsche Wirtschaftsvertreter im Kreml: Hans Peter Stihl (l.) neben Alfred Herrhausen, der einen »I-like-Gorbi«-Button in Händen hält (1988).

Juri Maskovsky, der Chef der Sowjetischen Bank für Außenökonomie, und Alfred Herrhausen besiegeln mit Handschlag die Vereinbarung über einen Drei-Milliarden-Kredit.

Staatsbesuch von Michail Gorbatschow und seiner Frau Raissa. Beim Defilee der Gäste in der Godesberger Redoute begrüßen sie Alfred Herrhausen und seine Gattin Traudl.

Alfred Herrhausen war für Bundeskanzler Kohl ein ebenso geschätzter Berater wie Hermann Josef Abs für Konrad Adenauer. Hier im Gespräch mit Otto Esser, dem Präsidenten der Bundesvereinigung der Deutschen Arbeitgeberverbände (1983).

Die Internationale Automobilausstellung in Frankfurt 1987. Mega-Manager Lee A. Iacocca traf US-Botschafter Richard Burt und Alfred Herrhausen.

Die Perspektive der Macht. Alfred Herrhausen kannte keine Schwindelgefühle, wie er einmal gestand.

Allzumenschliches hinter der stets perfekten Fassade. »Der Ernst des Lebens muß auch Spaß machen« ist ein Wahlspruch, den er stets befolgte.

Der andere Alfred Herrhausen. Ein nachdenklicher Citoyen, der den Dialog mit Philosophie und Politik suchte.

ZEITUNG FÜR DEUTSCHLAND

Freitag, 1. Dezember 1989, Nr. 279/48 R * — Herausgegeben von Fritz Ullrich Fack, Joachim Fest, Jürgen Jeske, Hugo Müller-Vogg, Johann G

Der Vorstandssprecher der Deutschen Bank ermordet
Alfred Herrhausen Opfer eines Terror-Anschlags / Eine Bombe in Bad Homburg / Trauer und Empörung

In den letzten Tagen seines Lebens brachte er zusammen mit seinem Vorstandskollegen Hilmar Kopper den Kauf der führenden britischen Investmentbank Morgan Grenfell unter Dach und Fach. John Craven und Alfred Herrhausen sind sich einig.

Und dann am 30. November 1989. Die Meldung über die Ermordung des Vorstandssprechers erschüttert die ganze Welt.

Bestürzt und fassungslos trauern die Teilnehmer der Tagung des Arbeitgeberverbandes Gesamtmetall. Nach der Mitteilung über die Ermordung erheben sich die Teilnehmer zu einer Schweigeminute.

kend) hält wie bereits in Washington dagegen, fühlt er sich doch als Gefolgsmann der US-Regierung. Erst viel später schwenkt er auf den Kurs der Vernunft ein, zumal die Bundesregierung Gastgeber der nächsten Tagung von Weltbank und Internationalem Währungsfonds in Berlin ist. Der Kanzler hält sich zurück. Die Konkurrenzbanker stoßen gegen Herrhausen nach, wann immer sie können.
Gutmeinende Kollegen versuchen Seelenmassage nach dem Motto: Alfred, verdirb es nicht mit deinem Publikum! Was sollen unsere Millionen Kunden, unsere ohnehin nicht verwöhnten Aktionäre denken?! Die fürchten doch, sie seien es, die für deine Ideen aufzukommen haben!
Daß dies sowieso schon der Fall ist, pfeifen die Kenner bereits längere Zeit von den Dächern. Ihrer begründeten Meinung nach sind die niedrigen Sparzinsen und die hohen Kreditzinsen – wo immer sie sich durchsetzen lassen – ohnehin schon das Ergebnis zu leichtsinniger Politik. Und daß auch bereits Milliarden von Mark nicht an den Fiskus geflossen sind, weil es Schieflagen nur so hagelte, ist ein offenes Geheimnis. Man sieht: Fast jeder zahlt bereits für die kühnen Kreditgeber und ihre Schuldner. Aber den Leuten reinen Wein einzuschenken, davor hat man Manschetten. Und jetzt fordert dieser »Ehrgeizige« von der Deutschen Bank nicht nur mehr Hilfe, sondern auch noch die volle Wahrheit!
In der Öffentlichkeit taucht Herrhausen erst einmal weg, führt aber zahllose diskrete Gespräche, wird auch von immer mehr Weitblickenden unterstützt, national wie international. Monate nach dem großen Krach

fängt er an, wieder in der Glut zu stochern, nutzt Vorträge zur Begründung. Er ärgert sich über die Redereien hinter seinem Rücken, spricht von der mangelnden Verantwortung der Regelungsbevollmächtigten, hält ihnen den Spiegel von Machiavelli vor, der als Klassiker der Beschreibung und Anleitung für Politkabalen gilt. Im März 1988, kurz bevor er sein Amt als alleiniger Sprecher antritt, nutzt Herrhausen das Forum der »American Chamber of Commerce« in Berlin zu einem Grundsatzvortrag, in dem er auch andere Gewöhnungsredereien nicht nachvollziehen will: »Natürlich hat Neuerung, Er-Neuerung, stets mit Widerständen zu kämpfen. Denn, so sagt schon Machiavelli, nichts ist von der Vorbereitung her zweifelhafter und von der Durchführung her gefährlicher als der Wille, sich zum Neuerer aufzuschwingen. Denn wer dies tut, hat die Nutznießer des alten Zustandes zu Feinden, während er in den möglichen Nutznießern des neuen Zustandes nur lasche Verteidiger findet.« Herrhausen setzt noch einen drauf und fordert: »Lassen wir uns von den Nutznießern des alten Zustandes nicht beirren.«

»Nobody likes bankers!«

Was heißt in diesem prekären Fall »Nutznießer des alten Zustandes«? Da ist etwa die Regierung Reagan noch zu nennen, die sich nicht zutraut, den in der Patsche sitzenden Großbanken mit Steuererleichterungen zu helfen, deren Lateinamerikaschieflagen zu konsolidieren. Warum dies ausgerechnet im gelobten Land

des Kapitalismus? Alfred Herrhausen besucht im Frühjahr 1988 den US-Finanzminister, um ihn für seinen Plan einzunehmen. James Baker, der einsieht, daß die US-Banken das »schwächste Glied« in der Hilfskette für die Dritte Welt sind, hört sich höflich an, wenn Herrhausen feststellt: »Wir müssen sonst ihre Banken mit aus dem Dreck ziehen«, antwortet klipp und klar: »Dies ist unmöglich!« Denn: »Die Banken sind nicht populär, deshalb läßt sich vor den Präsidentschaftswahlen im November nichts machen.«
In den USA gilt mehr oder weniger das Diktum »Nobody likes bankers«, wofür es Gründe genug zu geben scheint. Blenden wir deshalb kurz zurück: Ende der zwanziger, Anfang der dreißiger Jahre wurde die Welt, ausgehend von den USA, zuerst von einem Börsenkrach, dann einem Bankenkrach und schließlich einer Wirtschaftskrise hin bis zu politischen Umstürzen geschüttelt. Die führenden amerikanischen Banken finanzierten damals riskante Investitionen und mehr noch höchst riskante Aktienspekulationen. Ein Jahr nach dem Börsencrash im Oktober 1929 mußte eine Großbank ihre Schalter schließen. Es war der größte Bankenzusammenbruch in der amerikanischen Geschichte, der eine Panik der Einleger und Anleger auslöste. Das schlimme Ergebnis dieser Kettenreaktion: Innerhalb eines Monats brachen 325 Banken zusammen, weitere 6500 sollten in den nächsten Jahren folgen. – Präsident Roosevelt ordnete kurz nach seiner Wahl die Schließung aller Banken an und versprach der Nation, nur die gesunden Banken wieder zu öffnen. Seit dieser Zeit hat sich der Ruf der Bankiers zwar ge-

bessert; gleichwohl sind selbst die mit »big money« liierten Politiker vorsichtig, wenn sie an ihre Wählerschaft denken. Und die Superkredite an Lateinamerika haben dem Image des Gewerbes geschadet. Das Pikante hieran: Die doppelte Schuldenkrise hat Reizvokabeln wie Börsencrash und Bankencrash wieder in den Verkehr gebracht. Zwar glaubt man den Beteuerungen nur zu gerne, daß die ganz großen Kräche aus der Erfahrung der zwanziger und dreißiger Jahre zu meistern seien. Aber wie schützt sich der Geldanleger gegen langsam in Szene gesetzte »Währungsreformen«? Und wie leicht Panik ausbricht, erfährt man ja schon wenige Monate später beim Aktiencrash an der Wallstreet, der die ganze Aktienwelt erst einmal mitreißt.

Merke: Das Kapital hat das Herz eines Hasen, die Beine eines Rennpferdes und das Gedächtnis eines Elefanten.

Im Teufelskreis

Welche Nutznießer des alten Zustandes sind sonst noch auszumachen, um mit Machiavelli zu sprechen? Die wesentlichen sind zwar in der Schilderung des großen Disputs um Herrhausens Anstöße genannt; allerdings ist es wichtig, die Zeitachse im Auge zu behalten. Banken wie Regierungen – Weltbank und Internationaler Währungsfonds mit ihren Krediten an die Dritte Welt eingeschlossen – wollen die mehr oder weniger faulen Kredite in ihren Bilanzen und Haushalten strecken, um selber gegenüber ihrer Klientel eine einigermaßen saubere Weste zu behalten.

Das Fatale daran: Für die Schuldner türmt sich Zins auf Zinseszins, Rückzahlungsverpflichtung auf Rückzahlungsverpflichtung; sie haben keine Chance, aus dem Teufelskreis auszubrechen. Das doppelt Fatale: Bevölkerungsexplosionen und politische Unruhen gieren nach der ökonomischen Wende, die auch deshalb so schwerfällt, weil die devisenträchtigen Rohstoffe auf den Weltmärkten unzureichende Preise erzielen oder die eigene Rohstoffbasis sogar vernichtet wird, Stichwort Regenwälder.

Ein Weltproblem bringt also schnell neue hervor. Die teure Konsequenz: Die bisherigen Schuldennachlässe und Zinsherabsetzungen reichen nicht. Ein weiteres Nachgeben ist kein Gnadenakt, sondern zwingend, um den Gefahren einer spannungsgeladenen Entwicklung entgegenzusteuern.

Die Schuldenkrise hat sich also verschärft, und die Tagung von Weltbank und Währungsfonds in Berlin – zum erstenmal in Deutschland – naht. Der »Troubleshooter H.« läßt sich durch Vorwürfe der Art »Verlagerung des Risikos auf Steuerzahler, Kunden und Aktionäre« nicht beirren, wenn er öffentlich mahnt: »Von Anbeginn gab es zwei mögliche Opfer der Krise: die Gläubigerbanken und die Schuldner. Die gibt es immer noch, aber die Stärke der Banken ist größer, die der Schuldner geringer geworden.«

Herrhausen nutzt das einflußreiche Forum der »Bilderberg«-Konferenz, einen internationalen Kreis von Wirtschaftsführern und Politikern, in der er durch die Vermittlung seines Freundes Otto Wolff von Amerongen seit Jahren Mitglied ist, für eine öffentliche Darlegung seines klaren Standpunktes in dieser Frage. Sein Fazit: *Es muß offensiver gehandelt werden!* Der Präzision und des Weltproblems (das uns bis ins nächste Jahrhundert in Atem halten wird) wegen soll hier eine kleine, wesentliche Passage dieser Rede dokumentiert werden:

»Selbst wenn problemgerechte finanzielle Lösungsansätze vorliegen und die Schuldnerländer eine sachgemäße Politik verfolgen, wird das zur Überwindung der Schuldenkrise nicht ausreichen, wenn wir den zahlungsgestörten Ländern unsere Märkte nicht voll öffnen. Nimmt man das alles zusammen, so empfiehlt sich folgende Schuldenstrategie:
Um endlich von hektischen Umschuldungsaktionen in immer kürzeren Zeitabständen fortzukommen, sollten alle Beteiligten – Schuldner, Weltbank, Währungsfonds, Gläubigerregierungen und Banken – ein Lösungskonzept entwickeln, das einen Zeitraum von zum Beispiel fünf bis sechs Jahren umfaßt. Innerhalb dieser Zeitspanne sollte der Finanzbedarf der Schuldnerländer von den offiziellen Instituten und den Banken auf einer *fair burden-sharing basis* (faire Verteilung der Kosten) getragen werden, jedoch unter der Voraussetzung, daß die Schuldnerländer ihre Wirtschaft in geeigneter Form umstrukturieren.
Innerhalb dieses Konzepts einer zeitlich gestaffelten Konditionalität müßten sich die Banken zu zweierlei bereit finden: Sie müßten einerseits neue Mittel bereitstellen, andererseits in bestimmten Fällen aber auch Konzessionen bei den Altschulden machen.

Obgleich sie zu einer Erhöhung der Schuldenlast führen, sind neue Mittel für die Schuldnerländer und ihre zukünftige Fähigkeit, aus ihren Schulden herauszuwachsen, unverzichtbar. Neben der Zuführung von *fresh money* sollte in begründeten Fällen auch über Konzessionen bei den Altschulden nachgedacht werden – bei Kapital und/oder Zinsen.

So wird eine optimale Kombination der Instrumente auch – mehr oder weniger direkte – Elemente von partiellem Schuldenerlaß, im Endeffekt also Schuldenverringerung, beinhalten müssen.

Aber selbst wenn für die meisten Länder die Last der Kapitalrückzahlung effektiv gemindert oder bis weit in die neunziger Jahre oder sogar über das Jahr 2000 hinaus verlagert ist, so müssen doch weiterhin Zinsen auf diese Verbindlichkeiten gezahlt werden. Daher ist die Frage der Konzessionen auf die Zinslast oder die Zinszahlungsmodalitäten von entscheidender Bedeutung. Der Schaffung von Mechanismen, welche die Stabilisierung und Begrenzung der Zinslasten von Entwicklungsländern garantieren, muß daher unbedingte Priorität eingeräumt werden.

Eine Alternative, die Schuldnerländer gegen externe Zinsbewegungen zu schützen, wäre die Einrichtung eines *Zinsausgleichsfonds*. Dieser Fonds würde Schuldnerländer, die sich über eine vernünftige Wirtschaftspolitik dafür qualifizieren, helfen, wenn und sobald die Zinssätze ein bestimmtes Niveau übersteigen. Die Mittel des Fonds wären aus Beiträgen der Regierungen, der internationalen Institutionen und der Banken aufzubringen.

Starke Beachtung in diesem Szenario muß der Faktor Zeit finden. Ohne ausreichende Zeit kann keine sinnvolle Lösung gefunden werden. Die Fakten sprechen für sich: Seit Ausbruch der Schuldenkrise wurden die ursprünglichen Fälligkeiten der Kredite kontinuierlich gestreckt, und zwar durch Verlängerung der Konsolidierungsperioden (im Durchschnitt von anderthalb auf vier Jahre), der Rückzahlungsperioden (von sechs auf fünfzehn Jahre) sowie der tilgungsfreien Jahre (von drei auf fünf Jahre). Es ist daher ein Diktat der Vernunft,

o unter der Führung der internationalen Institutionen wirtschaftliche Umstrukturierungsprogramme zu konzipieren, die einen Zeitraum von mindestens fünf Jahren umfassen, und

o herauszufinden, wie der Geldbedarf der Schuldnerländer in diesem Zeitraum ist und welche Gläubiger ihn decken können. Die Gläubiger – jedenfalls die Banken – sollten dabei die Möglichkeit erhalten, zwischen verschiedenen Formen der Unterstützung zu wählen.

Gewiß wird es schwierig werden, dieses Restrukturierungsprogramm ins Werk zu setzen. Man sollte daher erwägen, daß die Banken zusammen mit der Weltbank, dem Währungsfonds und den Gläubigerregierungen ausgewählte Problemländer als ›Musterschüler‹ aufbauen.«

Mit harten Bandagen

Nach dem Vortrag beginnen nationale wie internationale Bankiers wieder den Infight gegen den Deutsch-Bankier. Dann – Ende September 1988 während der Tagung von Weltbank und Währungsfonds in Berlin – tragen die bundesdeutschen Spitzenbankiers ihren Krach vor großem Publikum aus aller Welt aus – während die Bundesregierung eingeschwenkt ist, aber immer noch unterläßt, konstruktiven Druck auf die US-Regierung auszuüben.

Ein Spitzenbankier prägt die süffige Vokabel von der »Schnapsidee« des Bankiers und behauptet, daß diese scheinbar einfachen und deshalb populären Vorschläge in eine Sackgasse führten. Denn alle Konkurrenten wollten beim langsam fahrenden Geleitzug des Schuldenmanagements bleiben. Vorschläge dieser Art seien unsolidarisch.

Man muß die Sprache der Bankiers genau kennen, um ermessen zu können, wann mit harten Bandagen gekämpft wird. In einer Wortpyramide der Details offenbart sich meist nur für Spezialisten der Dissens. Herrhausen läßt nach diesem Angriff diplomatische Formulierungen beiseite und kontert zwei Tage später während einer Pressekonferenz: »Die Deutsche Bank braucht keine Nachhilfe in Solidarität. Solidarisches Verhalten kann ja nicht bedeuten, das Denken einzustellen.«

An besagter Pressekonferenz nimmt eine Schar von Journalisten teil, denen der Sprecher der Deutschen Bank seine Essentials, ähnlich seiner »Bilderberg«-Rede, vorträgt. Er schlägt vor, einen Vergleich zu schließen wie mit einem zahlungsunfähigen Unternehmen – allerdings auf andere Zeithorizonte bezogen. Die Konkurrenten widersprachen schon vorher bei den Meetings ihrer Banken mit der Journaille: Dies würde die Kreditwürdigkeit der Schuldnerländer nachhaltig beeinträchtigen. Herrhausens Gegenargument: Die Kreditwürdigkeit sei ja ohnehin zerstört.

Wieder einen Tag später wartet die Meute der Kollegen erwartungsfroh auf den Schlagabtausch, den sich die drei Hauptmatadore Wolfgang Röller in seiner Eigenschaft als Bankenpräsident und Dresdner-Bank-Vorstandssprecher, Commerzbank-Chef Walter Seipp und Alfred Herrhausen liefern könnten. Röller versucht eine gemeinsame Sprachregelung für die Großbanken, die wegen der unterschiedlichen Bilanzinteressen sehr grobrastrig bleiben muß. Die Journalisten reiten auf dem Dissensthema herum, fragen immer wieder die drei Kontrahenten, die ihre Positionen nuancen- und zuweilen trickreich vortragen. Herrhausen meint nicht Röller, wenn er feststellt: »Sie müssen die Demokratie abschaffen, wenn Sie unter Solidarität einheitliche Meinungen verstehen.« Dann zitiert er aus der Berliner Grundsatzrede des Währungsfondschefs Michel Camdessus, der von den Banken fordert, vermehrt Elemente der Schuldenreduzierung in ihre Umschuldungspakete aufzunehmen. Herrhausen betont zufrieden Camdessus' Aussage, daß mehr und mehr Vertreter der Bankenwelt Verständnis für diese Argumentation haben.

Mut und Schweigespirale

Warum die Schilderung solcher Petitessen? wird der geneigte Leser vielleicht fragen. Ja, warum? Weil die grassierende Unter-uns-gesagt-Methode auf Dauer der Gesellschaft schadet. Es bedarf also der Mutigen, die wenigstens unbequeme Wahrheiten aussprechen und vielleicht auch noch den Mut zu unpopulären Forderungen aufbringen. Und dies zu wagen hat nichts mit Eitelkeit, dafür aber um so mehr mit Format zu tun. Vor allem dann, wenn es Auge in Auge mit Konkurrenten geschieht. Wer anschließend die Schlagzeilen über die Konflikte in Berlin gelesen hat – und Konfliktträchtiges sieht man besser –, wird eventuell nachempfinden können, wie sehr Herrhausen dem Geschäft seiner Bank erneut schaden konnte, zumal er zur Begründung seiner Sorgen die ganze politische Problematik nicht mitlieferte und deshalb leicht mißzuverstehen war (siehe Gespräch anläßlich der Trauerfeier von Werner Blessing zu Beginn dieses Kapitels).

Das Fazit dieser Pressekonferenzen in Berlin: Nicht wenige anstehende Reformen werden nur deshalb nicht gewagt, weil sie sich in der Schweigespirale verfangen haben.

Nun, in diesem Fall sorgen die Medien genügend für Verbreitung und Aufklärung. Und sie schildern aus Berlin noch eindrucksvoller – weil Bilder und Fotos vom streng bewachten Kongreßzentrum und den Delegiertenhotels einen Krimitouch haben – die teilweise gewalttätigen Demonstrationen gegen die Schuldenpolitik der Industrienationen, berichten über die berechtigte Sorge wegen terroristischer Anschläge (auf Hans Tietmeyer, den Staatssekretär im Bonner Finanzministerium, war in der Nähe seiner Wohnung ein Mordanschlag verübt worden).

So manche Bankiers, die ich in Berlin treffe, haben Verständnis für die Demonstrationen; die Chefs von Währungsfonds und Weltbank äußern es sogar öffentlich. Alfred Herrhausen gibt der als äußerst »links« geltenden »taz« (»die tageszeitung«) ein Interview, obwohl er weiß, daß die Redakteure ihn in einem begleitenden Artikel kritisieren werden und wie man in seinen Kreisen über diese Zeitung denkt. Ich veröffentliche dieses Interview aus mehreren Gründen: Erstens zeigt es im Sinne von Alfred Herrhausen und Werner Blessing, wie wichtig die Dialogbereitschaft selbst mit absoluten Gegnern ist. Zweitens sollte es die »taz«-Redaktion ermahnen, ihre immer mal wieder »gewalttätige« Sprache – in diesem Fall wird die ganze Berlin-Konferenz mit »Tanz der VAMPIRE« betitelt – aus dem Verkehr zu ziehen, weil Gewalt eben nachgewiesen mit der Sprache beginnt. Hieraus folgt drittens: Ideologen – hier besonders die zu Gewalttätigkeit neigenden – sollten davon ablassen, nur ihre Positionen als korrekt anzusehen, denn die Wirklichkeit ist zu komplex. Und viertens erinnert das nun folgende Interview daran, daß Wahrheiten immer dann zu Gift werden, wenn sie unterdrückt werden.

»Schuldennachlaß – aber keine Streichung«

»Alfred Herrhausen, Vorstandssprecher der Deutschen Bank, kommt es weniger auf marktwirtschaftliche Lösungen an als auf marktwirtschaftliche Effizienz in den Schuldnerländern«, so schrieb die Berliner Tageszeitung anläßlich der Weltwährungstagung 1988.

»taz: Herr Herrhausen, Sie wollen doch auch Bewegung in der Diskussion über Lösungen in der Schuldenkrise. Sind da Ihrer Meinung nach die Demonstrationen hilfreich oder hinderlich?
Herrhausen: Weder noch. Ich glaube, es ist genug Bewegung in der Diskussion. Ich sehe aber auch nicht, daß die Diskussion behindert würde, das haben die Demonstrationen zum Ausdruck gebracht. Ich persönlich bin – sofern es sich um friedliche Demonstrationen handelt – immer froh, wenn wir Anlaß haben zum Diskutieren. Auch manches von dem, was Kritiker sagen, sollte ernsthaft geprüft werden.
Nun liegen ja Welten zwischen dem, was auf der Demonstration gefordert wurde, und Ihrer Erkenntnis, daß man einen Schuldenverzicht nicht grundsätzlich ausschließen kann. Wenn Sie den Schuldenerlaß nur auf den Handel von Schuldpapieren zu Discountpreisen, die Umwandlung in langfristige Schuldverschreibungen usw. beziehen, dann kann das aber doch nur einen Bruchteil der Schulden bewältigen.
Das ist ja der Grund, weshalb ich verstärkt über die Möglichkeit von Schuldenerleichterungen – lassen Sie mich bitte dieses Wort verwenden – sprechen will. Es hat sich doch gezeigt, daß die bisherigen Ansätze, die ich alle respektiere und die

auch alle richtig waren, uns immer noch nicht der Lösung der Krise nähergebracht haben. Deshalb müssen wir alle gemeinsam, die Bankerkollegen, der IWF, die Weltbank, Sie (oho, d. R.) und die Regierungen darüber nachdenken, welche Möglichkeiten es noch gibt.

Beißen sich die marktwirtschaftlichen Modelle nicht wie die Katze in den Schwanz? Wenn der Schuldenrückkauf in großem Maßstab anlaufen würde, würden doch auch die jetzt so günstigen Discountpreise automatisch wieder ansteigen.

Es geht nicht so sehr darum, ob die Lösungen marktwirtschaftlich sind. Es geht um die Frage, ob das, was die Schuldner mit den von uns angebotenen Lösungsansätzen tun, marktwirtschaftlich ist. Wir glauben, daß sie nur dann eine Chance haben, ihre Kreditwürdigkeit in absehbarer Zeit – hier müssen wir wohl geduldiger sein, als wir zu Beginn der Krise geglaubt haben – wiederzuerlangen, wenn sie ihre Wirtschaften umstrukturieren: in Richtung auf mehr Markt und weniger Staat. Bisher sind die Programme nicht so ausgefallen, daß man daraus ableiten könnte, daß die marktwirtschaftliche Effizienz in den Schuldnerländern steigt.

Der Rubikon liegt doch zwischen nahe beieinander liegenden Ansätzen. Einmal werden Papiere zu einem Kurswert von beispielsweise zehn Cent pro Dollar verkauft. Beim anderen Modell würde der dem Discount entsprechende Betrag direkt geschenkt. Warum geht das eine und das andere nicht?

Die große Trennungslinie sehe ich nicht. Das Umwandeln von Buch- in Briefforderungen mit einem teilweisen Schuldennachlaß ist vom ökonomischen Prinzip her dasselbe wie die

Umwandlung von Forderungen in Eigenkapital (Debt to Equity Swap), verbunden mit einem Forderungsnachlaß...

... ich meine jetzt aber einen schlichten Verzicht auf das Geld in entsprechender Höhe.

Bei einem Debt to Equity Swap verzichten wir ja auch, denn wir wandeln zwar unsere Forderungen in Eigenkapital um – aber unter Inkaufnahme eines Nachlasses.

Beim Wort Schuldnachlaß stellt sich der kleine Mann auf der Straße vor, die Bank verzichtet einfach mal auf fünf Pfennig von einer Mark. Warum ist das ausgeschlossen?

Leider sind die Probleme so komplex, daß wir sie mit der Alltagseinschätzung des kleinen Mannes auf der Straße – der für uns als Kunde ein ganz großer Mann ist, damit hier nicht ein Mißverständnis entsteht – nicht werden lösen können. Wir sind konfrontiert mit sehr schwierigen Problemen. Da kann man nicht einfach hingehen und sagen, wir lassen fünf Pfennig nach, und damit ist die Sache aus der Welt.«

Wer steckt den Stöpsel in die Wanne?

Alfred Herrhausen kann etwas bitter werden, wenn er mit ansieht, wie die Fortschrittszweifler sich von den Fortschrittshemmern bestätigt sehen müssen und wie die auf Agitprop Erpichten ihre Verbalmunition unter die jungen Leute bringen. Mark Twains Erkenntnis, daß ein Mann mit einer neuen Idee unausstehlich ist, bis er der Idee zum Erfolg verholfen hat, besänftigt ihn kaum, sieht er doch eine besondere Gefahr lauern: *Die doppelte Schuldenkrise wird nur von der alles in allem guten*

Weltkonjunktur beschönigt – eine weltweite Wirtschaftsflaute wird offenbaren, wie retuschiert das Bild ist. Dann kann es auf den internationalen Finanzmärkten zu negativen Kettenreaktionen kommen, zumal diese durch die Superspekulation in Devisen und die übertriebene Spekulation auf den Wertpapiermärkten – und diese wiederum genährt durch die Telekommunikation, die sekundenschnelle Entscheidungen möglich macht und erheischt – in einem labilen Zustand sind.

Meiner Ansicht, die Schuldenkrise in den meisten Industrienationen sei so fortgeschritten, daß es sogar hierzulande unter den hochverschuldeten Bundesländern irgendwann einmal zu Forderungen à la Teilforderungsverzicht der Dritten Welt kommen könne, kann der Vorstandssprecher unserer ersten Bank zwar nicht beipflichten. Gleichwohl konstatiert er: *Die hohe Staatsverschuldung in den meisten Industrienationen kann nur durch gutes Wirtschaftswachstum in der Balance gehalten werden.*

Aber, dreimal aber: Läßt sich denn das ständige Mehr und Mehr wirklich zustande bringen? Und hier zweifelt Herrhausen, zumal wir den Wachstumshungrigen der Dritten Welt, des Ostblocks nicht genügend Hilfe zur Selbsthilfe ermöglichen. Wer steckt den Stöpsel in die Schuldenwanne? Die US-Wahlen im November 1988 werden erneut von den Republikanern gewonnen; die Etatkrise der USA mit ständig stark steigenden Schulden wird ebenfalls nur von der guten Konjunktur eingedämmt; den US-Banken wird nur ein wenig Erleichterung von Staats wegen zuteil; der neue US-

Finanzminister Nicholas Brady kreiert einen weitergehenden Hilfsplan für die hochverschuldeten Entwicklungsländer, der zweifellos auf Herrhausens Anstöße zurückgeht. Der Deutsch-Bankier unternimmt gezielte Vorstöße, etwa in der Europäischen Bankiersvereinigung, findet immer mehr Mitstreiter, feilt an seinen Vorschlägen, das letztemal während seines Urlaubs am Kalterer See. Dieses Konzept mit der Überschrift »Die Zeit ist reif – Schuldenkrise am Wendepunkt« veröffentlicht das »Handelsblatt« am 30. Juni 1989, es wird international herumgereicht. Die letzten beiden Sätze einer äußerst komplexen Status-quo-Beschreibung mit entsprechenden Reformvorschlägen lauten: »Die Zeit ist reif für einen neuen Versuch. Für alle Beteiligten steht hier mehr auf dem Spiel als Kapital und Zinsen.«
Und wie geht diese vorerst noch unendliche Geschichte weiter? Der Brady-Plan wird mehr als ein halbes Jahr am Beispiel Mexiko durchverhandelt; Mexikos Präsident und Herrhausens Gesprächspartner Miguel de la Madrid ist schon nicht mehr im Amt. Zwei Monate nach Alfred Herrhausens Tod melden die Nachrichtenagenturen aus Mexiko-Stadt: *Westliche Banken erlassen Mexiko 42,5 Milliarden Dollar Schulden.*

»Ein Hoffnungsstrahl für andere Schuldnerländer«

Halten wir die Einzelheiten des sogenannten Mexiko-Deals fest, wie ihn die amerikanische Nachrichtenagentur ap kabelte, um zu schildern, warum er »ein Hoffnungsstrahl für andere Schuldnerländer« (US-Finanzminister Brady) werden könnte:

»Acht Jahre nach Beginn der Schuldenkrise der Dritten Welt haben westliche Kreditinstitute erstmals auf einen erheblichen Teil ihrer Forderungen verzichtet. Die mexikanische Regierung unterzeichnete in der Hauptstadt des Landes mit Vertretern ihrer Gläubigerbanken das erste Umschuldungsabkommen im Rahmen der Brady-Initiative. Die insgesamt 450 Banken konnten zwischen drei Möglichkeiten wählen: einen Verzicht auf 35 Prozent ihrer Forderungen, einer Herabsetzung der Zinsen auf einen festen Satz von 6,25 Prozent oder der Vergabe neuer Kredite, wobei mindestens 25 Prozent der von den Banken jeweils erhobenen Forderungen neu verliehen werden sollten. Im Ergebnis verzichteten die Institute auf 20 Milliarden Dollar einst gewährter Kredite und auf Zinszahlungen in Höhe von 22,5 Milliarden Dollar. US-Finanzminister Brady sagte während der Unterzeichnungszeremonie, es sei ›von außergewöhnlicher Bedeutung, daß 42,5 Milliarden Dollar an Schuldenzahlungen für immer vom Rücken des mexikanischen Volkes genommen worden sind‹. Für die dritte Möglichkeit des Umschuldungsplans entschieden sich weit weniger Banken, so daß Mexiko 6 Milliarden Dollar an neuen Krediten erhalten wird. Weitere Bankenkredite wird Mexiko nach Ansicht von Fachleuten nicht mehr erwarten können. Nach Angaben des mexikanischen Finanzministers Pedro Aspe ermöglicht das Abkommen in den nächsten fünf Jahren Einsparungen beim Schuldendienst des Landes in

Höhe von jährlich 4,1 Milliarden Dollar. Bisher überwies Mexiko jährlich 12 Milliarden Dollar an fällig gewordenen Krediten und Zinsen ins Ausland. Die Gesamtverschuldung des Landes gab Aspe zum 31. März 1990 mit 93,6 Milliarden Dollar an.
Die Überschuldung und der Verfall der Rohölpreise stürzte Mexiko in den achtziger Jahren in eine tiefe ökonomische Krise. Entsprechend den Empfehlungen des Internationalen Währungsfonds (IWF) hat der seit Dezember 1988 amtierende Präsident Carlos Salinas de Gortari umfassende Wirtschaftsreformen eingeleitet, darunter die Beseitigung von Einfuhrschranken, die Förderung ausländischer Investitionen, den Abbau von Subventionen und den Verkauf von Staatsunternehmen.
Die Umschuldung für das mittelamerikanische Land kann nach Ansicht von Brady nur als Anfang eines umfassenden Prozesses zur Bewältigung der Schuldenkrise betrachtet werden. In Venezuela, wo die Regierung nach den schweren Hungerunruhen vor einem Jahr mit der Umsetzung der IWF-Empfehlung nicht so weit gegangen ist wie in Mexiko, kommen die Verhandlungen über 21 Milliarden der Gesamtverschuldung von 34,6 Milliarden Dollar nur zäh voran. Argentinien, das den Gläubigerbanken 64 Milliarden Dollar schuldet, ist nach Ansicht Bradys in ›einer sehr schwierigen Lage‹. Für den Brady-Plan in Frage kommt auch Brasilien, das mit Verbindlichkeiten von 114 Milliarden Dollar das höchstverschuldete Land ist und seine Zinszahlungen bis zum Regierungsantritt des neuen Präsidenten im März eingestellt hat.«

Soweit der ap-Bericht über einen »Hoffnungsstrahl«; in den Zeitungen als Zweispalter dargeboten, in den Fernsehnachrichten mit wenigen Sätzen. Die politischen Sorgen, die Alfred Herrhausen am 28. August 1987 anläßlich der Trauerfeier für seinen Kollegen Werner Blessing geäußert hat, bleiben bestehen. Wenn dieses Weltproblem nicht unter Kontrolle gehalten wird, dann können die Tagungen von Weltbank und Weltwährungsfonds einmal zu einer erlesenen Versammlung von Bankrotteuren werden, finanziell wie politisch gesehen.

5. Kapitel

Lieb' Marktwirtschaft, magst ruhig sein? – Im Kreuzfeuer der Kritik

Wir brauchen Glasnost für den Kapitalismus – auch und gerade für die kapitalistische Wirtschaft.
Alfred Herrhausen

Wie schnell und gelegentlich leicht die Öffentlichkeit zu einer Art Gerichtsbarkeit werden kann, erlebte Alfred Herrhausen bis zum Erleiden zusammen mit Daimler-Chef Edzard Reuter bei einer Kraft- und Bewährungsprobe hochpolitischer Art. Die beiden Konzernstrategen sollten im Auftrag der Bundesregierung – und einiger Länderregierungen – den Luftfahrt-, Raumfahrt- und Rüstungskonzern Messerschmidt-Bölkow-Blohm dem ohnehin großkalibrigen Daimler-Konzern (inklusive AEG, MTU, Dornier) einverleiben.
Einen »guten Stern« (Daimler-Werbung) haben die Spitzenmanager nicht, eher erinnert die Debatte über »Gigantismus« und »das große Fressen« an ein Desaster, was im Französischen sinnigerweise »schlechter Stern« bedeutet. Denn je lautstarker Industriekonzern und er-

ste Bank der Republik ins Kreuzfeuer der Kritik gerückt werden, desto offensichtlicher werden Imageschäden. Es ist ja vor allem der Mittelstand, der zu den Hauptkunden der Geld- und Industriekonglomerate gehört, und der reagiert kritisch; Mittelständler fühlen sich immer im Kampf gegen die Großen, zumal sie den Gesetzgeber stets verdächtigen, vor allem für diese zu arbeiten. Und dann soll Daimler für den Airbus auch noch Subventionen aus den Steuerkassen kassieren! Nein, dreimal nein!
Das Zeugnis vieler verstärkt die Glaubwürdigkeit der eigenen Mutmaßungen, daß hier ein ordnungspolitisches Bubenstück im Gange ist. Das Bundeskartellamt ist dagegen und muß wohl auch Kontra geben; die Sozialdemokraten im Bundestag können sich als Marktwirtschaftler profilieren; Betriebsräte und IG Metall sagen kategorisch nein, wohl weil sie eine zu starke Abhängigkeit der Lohnpolitik von 380 000 Beschäftigten eines Giganten befürchten; nicht wenige Abgeordnete der Unionsparteien sehen den zuliefernden Mittelstand in zu großer Abhängigkeit von einem Mammut; und dann beginnen auch noch viele Freidemokraten gegen ihren Vorsitzenden Martin Bangemann zu rebellieren, der als Bundeswirtschaftsminister Verhandlungsführer ist. Die Nachfolger in beiden Ämtern – Otto Graf Lambsdorff und Helmut Haussmann – versuchen, sich publikumswirksam für den Parteivorsitz zu profilieren bzw. durch Finessen und Hinhaltetaktik ihr Gesicht zu wahren. (Lambsdorff: Daimler ist so scharf auf MBB wie Nachbars Fifi auf die Wurst.) Der Bundestag debattiert kontrovers die mögliche Ele-

fantenhochzeit. Auf dem FDP-Parteitag kommt es zu einer erbitterten Debatte und einer Kampfabstimmung. So manche Wahlveranstaltung wird mit der Warnung vor der Macht der Deutschen Bank beifallsträchtig bestritten.

Der Kanzler bleibt stumm

Die Behauptung, dies sei alles gegen unsere doch so gute Wettbewerbsordnung (Grundgesetz der Marktwirtschaft), der Mittelstand werde geschädigt, der Staat gerate in die Abhängigkeit von einem Konzern mit 80 Milliarden Mark Gesamtumsatz, setzt Flügel an. Hier zeigt sich das Prinzip des Meinungmachens durch Interessenten, das notwendigerweise durch die Medien zur Entfaltung kommt. Leider begreifen meiner Erfahrung nach diesen Mechanismus die wenigsten Medienkonsumenten, nämlich daß durchschnittlich 90 Prozent der gesamten Berichterstattung lediglich Ereignisreportage sind, nur 10 Prozent analytisch-investigativ und kommentierend. Doch auch die Kommentatoren sind in ihrer großen Mehrheit dagegen, plakatieren gepfefferte Titelzeilen wie diese: »Kasse macht mächtig« – »*Benz*republik Deutschland« – »VEB Daimler-Benz« – »Der Stern des Anstoßes«.

Und wie verhält sich der Chef der Regierung, die dies alles will? Er sagt kein einziges Wort! Was ja noch zu verstehen wäre, wenn Reuter und Herrhausen nicht zur Zielscheibe der Nation geworden wären.

Der goldene Schnitt?

Natürlich gibt es gegen Mammuts immer berechtigte Einwände, wiewohl zwischen den Branchen und ihrer internationalen Konkurrenz zu unterscheiden wäre. Die Monopolkommission stimmt später der Fusion mehrheitlich unter Auflagen zu; der überstimmte Vorsitzende legt aus Protest sein Amt nieder. Das eigentlich Problematische der hitzigen Debatte über die Prinzipien der Marktwirtschaft: Es wird ständig suggeriert, Daimler und Deutsche Bank machten bei diesem Deal den »goldenen Schnitt«. Über die beträchtlichen Risiken dieser Teilprivatisierung redet fast niemand, die da sind: Trend zur Abrüstung, Probleme bei MBB, der dollarabhängige Airbus (nur bei 1,90 DM Dollarkurs rentabel) sowie die beträchtlichen Subventionszwänge für die neuen Airbus-Modelle, von den Imageschäden nicht zu reden.

Was also als ein großer profitabler Schachzug mit dem Stoßgebet »Lieb' Marktwirtschaft, magst ruhig sein!« dargestellt wird, könnte sich eines Jahres als gravierender Fehler herausstellen. Erinnert sei auch an das böse Wort vom »militärisch-industriellen Komplex«, das nicht nur von radikaleren Linkskreisen in Umlauf gebracht wird, und dies, obwohl Herrhausen und Reuter versichern, daß sie nicht nur für Abrüstung eintreten, sondern den Anteil der Wehrtechnik verkleinern wollen.

Selbst in Wirtschaftskreisen sinkt der amtliche Kurswert der Vielkritisierten, die anfangs glaubten, man lobe sie als Industriearchitekten, die der keinesfalls großen bundesdeutschen Luft- und Raumfahrtindustrie die international sichere Dimension sichern. Erst nach langen internen Debatten signalisieren der Bundesverband der Deutschen Industrie sowie der Deutsche Industrie- und Handelstag Zustimmung, eben weil es so schwierig war, alle Interessen auf einen Nenner zu bekommen.

Reuter und Herrhausen verfolgen die heiße ordnungspolitische Auseinandersetzung lange Zeit mit Gelassenheit, heben selbst die wettbewerbspolitischen Bedenken hervor, betonen dagegen die guten Gründe für die zu verbessernde internationale Wettbewerbsfähigkeit der Luft- und Raumfahrtbranche. Dann wächst ob der Imageschäden ihre Besorgnis, gelegentlich bemerke ich Züge der Resignation. Eine Aufgabe, bei der man am Ende von Kopf bis Fuß blaue Flecken hat? frage ich den Bankier im Mai 1989. »Vermutlich ja, die Schmerzgrenze ist erreicht. Aber was wir begonnen haben, können wir nicht einfach abbrechen. Das legt man uns entweder als Schwäche oder auch als Attitüde der Macht aus.« Später wird die Monopolkommission fordern: »Die Deutsche Bank soll sich von ihrem Daimler-Aktienpaket trennen.«

Edzard Reuter, in seiner Brillanz wie im oft genug mutigen gesellschaftspolitischen Engagement Alfred Herrhausen ähnlich, geht bereits vorher in die Offensive, was ihm prompt als Arroganz des Mächtigen ausgelegt wird. Von mir für ein ZDF-Interview animiert zu kontern, warnt der Daimler-Chef Regierung und Koalitionsparteien: »Wir können uns nicht zur Zielscheibe der Nation machen lassen, obwohl nicht wir diejenigen gewesen sind, die dieses ganze Projekt angefangen haben. Es war die Bundesregierung. Irgendwann ist die Schmerzgrenze erreicht. Wenn eine Geschäftsschädigung eintritt, müssen wir dann tatsächlich die Konsequenzen daraus ziehen.«

Lambsdorffs Kabalen

Kenner von Politkabalen, die früher glaubten, ein Herrhausen und ein Reuter brauchten nur mit den Fingern zu schnippen, um etwas durchzusetzen oder zu verhindern, beobachten genüßlich, wie Otto Graf Lambsdorff – seiner Mittelstandsklientel schmeichelnd – noch einen draufsetzt: »Eine wirtschaftliche Ordnungspolitik zur Begrenzung der Machtkonzentration im Bankenbereich ist unerläßlich«, fordert der FDP-Vorsitzende, der sich gerne »Marktgraf« nennen läßt, »meine Partei wird möglichst noch in dieser Legislaturperiode die Änderung verschiedener gesetzlicher Bestimmungen anstreben, die den wachsenden Bankeneinfluß begünstigen.« Kernstück des Vorschlages ist die Beschränkung des Bankenanteils an gewerblichen Unternehmen auf 15 Prozent.
Lambsdorff nutze trickreich die Anti-Deutsche-Bank-Stimmung in Sachen Daimler-MBB, um seine Partei zu profilieren, meinen die Auguren. In Wirklichkeit verhält es sich anders. Lambsdorff weiß: Die Daimler-MBB-Fusion geht über die politische Bühne, da müssen wir uns salvieren, einen Nebenkriegsschauplatz suchen. Später – die SPD sucht in dieser Frage die alte Koalition

mit der FDP – wird das angebliche Wahlkampfthema in Koalitionsgesprächen still zu Grabe getragen. Vieler Leute Glaubwürdigkeit gleicht der Sorge des Falschmünzers, es möge genügend gutes Geld in Umlauf bleiben.

Macht der Banken: da sehen natürlich die anderen Großen des Gewerbes sich mitbetroffen, müssen sie doch befürchten, der politische Schmutzschatten der Elefantenhochzeit färbe auf sie ab. Einige Großbankiers schreiben fleißig Artikel, geben Interviews – besonders Bankenpräsident und Dresdner-Bank-Chef Wolfgang Röller –, um Lambsdorffs Pläne als unberechtigt darzustellen. Doch in ihren Kreisen stoßen sie Herrhausen kräftig Bescheid und meinen damit natürlich die *Union der festen Hand*. Röller – selbst Aufsichtsratsmitglied von Daimler-Benz – in einem Gespräch mit mir: »Das Problem der Bankenmacht ist doch wohl nur das Problem *einer* Bank.« Sagen wir es prosaisch: Die Deutsche Bank zu beschreiben ist, ein Panorama von Einfluß zu besichtigen.

Man sieht, die versteckten und offenen Nadelstiche gegen die Nummer 1 und ihren großen Vorsitzenden lassen sich nicht als Akupunktur interpretieren. Herrhausen, dem es nicht liegt, seinen Lästigkeitswert zu erhöhen, ist auf dem Höhepunkt der ganzen Auseinandersetzungen betroffen von den und über die politischen Kabalen. Für die Industrie neue Strukturen zu erzwingen sei offenbar weniger gefragt als Populismus, lautet sein Resümee.

Gespräch über einen Spitzenpolitiker

Ausgehend vom Thema *Glaubwürdigkeitslücke* und dem wachsenden Glauben der Wähler, Politik sei wohl ein schmutziges Geschäft, unterhalten wir uns über den Spitzenpolitiker, der bereits viele für ihn lange Zeit Nützliche plötzlich im Regen stehen ließ, bekämpfte und bekämpft, beiseite schiebt, wann immer die Gelegenheit sich bietet, nach dem Motto: Jetzt kommst du dran! Gerade war es dem VEBA-Vorstandsvorsitzenden Rudolf von Bennigsen-Foerder so gegangen, der – obwohl die Aufgabe der Atom-Wiederaufarbeitungsanlage Wackersdorf konkret mit diesem Spitzenpolitiker abgesprochen ist – allein die wütenden Angriffe der betroffenen Industriellen und Politiker zu überstehen hatte, ohne jede öffentliche Hilfe des Politikers.

Wie imageschädigend Kehrtwenden in umstrittenen Projekten für die Betroffenen sind – in diesem Fall ist der Hauptgrund, dem gegenüber der Bundesrepublik tief in den roten Handelsbilanzzahlen steckenden Frankreich ein großes Geschäft zu ermöglichen –, habe ich in vielen Gesprächen erlebt. Einige Kostproben (öffentlich formuliert, klangen sie nicht zurückgenommener): »Da führt ein Industrieller die Politik vor« – »Selbstherrlichkeit eines Industriebarons« – »Unverantwortlicher Schaden für die Glaubwürdigkeit von Politik und Wirtschaft«.

Ich erwähne andere Fälle und Betroffene, das nicht gehaltene Versprechen der finanzpolitischen Wende, die trickreiche Behandlung des Paragraphen 116 des Arbeitsförderungsgesetzes, die Steuerreformpannen, die Quellensteuer. Herrhausen, von dem Freunde sagen, er stehe auch unter widrigen Umständen zu Freundschaften und es gebe ja auch »Freundschaften aus Pflichtgefühl«, argumentiert zuerst auf der Ebene, daß besagter Spitzenpolitiker bei weitem nicht über so viel ökonomisches Wissen verfüge wie sein Vorgänger. Ich bringe Gegenargumente und frage, ob es nicht sein könnte, daß der Vorgänger mehr Leidenschaft für die Lösung von Problemen gehabt hätte und weitaus mehr Skrupel in der Behandlung von Menschen und Sachen: »Ich gebe zu, Sie haben recht mit ihren Beobachtungen. Seine Verantwortungsethik ist nicht sehr ausgeprägt. Es ist beispielsweise ein schlechtes Stück, die geistige Wende zu fordern und sie dann nicht einzuleiten.«

Über die Weltökonomie:
Jedes Dorf reflektiert den Weltmarkt

Wer die Weltwirtschaft beschreiben will – mit dem Exportweltmeister Bundesrepublik Deutschland im Zentrum der deutschen Sicht –, sitzt wie vor einem Schachbrett mit seinen 64 Feldern, sinniert über die Millionen von möglichen Schachzügen zwischen den Unternehmen, zwischen den Nationen. Fast jedes Dorf reflektiert inzwischen den Weltmarkt, Massenprodukte drohen den Menschen zu überfluten, das Warenangebot der Industrienationen beginnt überzuquellen, und den Entwicklungsländern fehlt das Geld zum Kauf. Mit den Ansprüchen wachsen die Herausforderungen, die

Probleme, offenbar auch die ökonomischen Ungleichgewichte in der Welt. Wer in den Unternehmen Innovationen verpaßt, die Weichen falsch stellt, die Kosten treiben läßt, wer als Regierung Reformen unterläßt, den bestraft das Geschäftsleben.
Den Kanzler Helmut Schmidt nannte man mit leicht ironischem Unterton »Weltökonom«. Zu dem Bankier Alfred Herrhausen hätte diese Plakette durchaus gepaßt, war er doch einer der wenigen in der Welt der Industriestaaten bekannten und geschätzten deutschen Unternehmer. Unsere Wirtschaft bestimmt gewiß unser Schicksal, doch geht die schicksalhafte Prägung eher von der Weltwirtschaft aus, in einem komplexen ökonomisch-politischen Wirkungsgeflecht. Die Wissenschaftsdisziplin Nationalökonomie greift längst zu kurz, nur die Internationalökonomie kann noch vage Auskunft geben. Die Bundesbürger sind Weltmeister als Sparer, Urlauber und Auslandsreisende. Die Bundesrepublik liegt in der Spitzengruppe der Kosten wie der Devisenreserven und des sozialen Friedens, sie ist anfälliger für Rückschläge, weil anspruchsvoller.
Herrhausen war unermüdlich im Dialog mit Industriellen, Bankiers und Politikern in der Europäischen Gemeinschaft wie in den USA, agierte für Reformprozesse. »›Nirgends ist der Welt die Preisgabe des Liberalismus des 19. Jahrhunderts bis jetzt so teuer zu stehen gekommen wie auf dem Gebiet, wo dieser Rückzug begann, nämlich auf dem der internationalen Wirtschaftsbeziehungen.‹ Was Nobelpreisträger Friedrich August von Hayek im Jahre 1944 als Tatsache

feststellte, ist heute als Mahnung wieder aktuell«, so Alfred Herrhausen in einer Grundsatzanalyse. Nach dem Zweiten Weltkrieg wurde zwar zunächst ein liberales Weltwirtschaftssystem angestrebt, durch das eine Selbstregulierung der Märkte und somit ein Gleichgewicht erzielt werden sollte. Betrachtet man die historische Entwicklung seit dem, wird deutlich – wenn man nur das Leistungsbilanzdefizit der USA, die Sozial- und ordnungspolitischen Eingriffe in die europäische Stahlindustrie und die Schuldenkrise in der Dritten Welt in seine Überlegungen einbezieht –, daß dieses Ziel schon lange keine Rolle mehr spielt. Der Staat greift stärker und stärker in den Markt ein, und »die unvermeidlichen Funktionsdefizite für die Weltwirtschaft als ganzes werden nicht den Regelverstößen, sondern den angeblichen Mängeln des Systems angelastet«, betont Herrhausen in seiner Rede und warnt vor den Gefahren »der größten und hartnäckigsten Leistungsbilanzungleichgewichte der Wirtschaftsgeschichte, den anhaltenden Zahlungsschwierigkeiten der Dritten Welt, der drastischen Beschleunigung der Innovationszyklen der Industrienationen, den Herdentrieben der Devisen-, Geld- und Wertpapierspekulationen rund um die Welt und vor allem den drohenden Umweltproblemen. Die Erschöpfbarkeit der Ressourcen ist verantwortlich für die *Erschöpfbarkeit der utopischen Energien,* von der Habermas spricht.« Der Bankier übt auch in dieser Rede keine Zurückhaltung gegenüber den Regierungen der Industrienationen, wenn er die unzureichende Entwicklungshilfe kritisiert: »Die gesamte Entwicklungshilfepolitik bedarf einer Aktivierung. Wenn es hier etwas Unbefriedigendes, fast möchte ich sagen, Skandalöses gibt, dann vor allem die Tatsache, daß bis heute nur wenige Industrieländer (Dänemark, Frankreich, Niederlande, Norwegen und Schweden) jene vor fast 20 Jahren formulierten Zielvorstellungen erfüllen, nämlich 0,7 Prozent (!) ihres Sozialprodukts für öffentliche Entwicklungshilfe zur Verfügung zu stellen. Im Durchschnitt liegen sie nicht einmal bei 0,4 Prozent des Bruttosozialprodukts.« Herrhausen schließt mit dem Appell:

»Meine Schlußfolgerung zum Handeln angesichts der gewaltigen Herausforderungen: Unser begrenztes Wissen über die unendlich vielen Determinanten der Welt und jedes Individuums – dies ist ja nur ein anderer Ausdruck für die grundsätzliche Ungewißheit der Zukunft – verlangt in Gesellschaft und Wirtschaft ›dezentralisierte Institutionen und Verfahren der Entdeckung und Verarbeitung von Informationen und Kenntnissen‹, durch die wir unsere Strukturen vor Erstarrung bewahren und sie wandelbar, d.h. lernfähig, erhalten. Genau dies ist auch die Rezeptur für eine erfolgreiche Bewältigung unserer Anpassungsprobleme – und genau hier schließt sich der Kreis zurück zu der Hayekschen Mahnung von 1944. Stoppen wir den Rückzug vom Liberalismus freier Märkte, denn sie sind die unverzichtbare Qualität für eine prosperierende Zukunft.«

6. Kapitel

Unternehmer und Journalisten: Kritik an den Medien – Kritik an sich selbst?

Wir brauchen Glasnost für den Kapitalismus – auch und gerade für die kapitalistische Wirtschaft. Dieser Schlüsselsatz eines weiteren brillanten Grundsatzvortrages ist um so eindrucksvoller, wenn man festhält, daß er wenige Wochen nach Ende der Daimler-MBB-Schwergeburt gesagt wurde. Braucht unsere Demokratie überhaupt das von Gorbatschow für die Diktaturen des Ostblocks verordnete Freiheitsrezept? werden Sie vielleicht verblüfft fragen. Lesen Sie bitte ein paar Seiten weiter Herrhausens Begründung. Doch vorab nur ein paar Anmerkungen zu einem auch die *Unter-uns-gesagt-Gesellschaft* betreffenden Spannungsverhältnis. Unternehmer und Journalisten haben oft genug ein gestörtes Verhältnis zueinander. Die Medien nehmen sich zuviel heraus, meinen wohl die meisten, die sich ja zur Elite zählen, weil sie mehr oder weniger große Firmen führen. »Schlagt ihn tot, den Hund! Es ist ein Rezensent«, schrieb schon Goethe. Und Gustav Freytag in »Die Journalisten« (1854): »All das Unheil hat der böse Geist Journalismus angerichtet. Alle Welt klagt über ihn, und jedermann möchte ihn für sich benutzen.«

Information und Vertrauenskapital

So ähnlich verhält es sich noch heute: Hofberichterstattung wird allgemein geschätzt, Kritik und Enthüllung nur dann, wenn sie die Konkurrenz betrifft. Nur gelegentlich verinnerlicht man den hohen Wert der Pressefreiheit, etwa wenn ein undemokratisches System wie das der DDR zusammenbricht, wo sich die Machthaber auch deshalb so lange halten konnten, weil sie die Medien manipulierten. Räumen wir ein: Es geht nicht immer fair zu, was indes für beide Seiten gilt. Wie im richtigen Leben schwingen die einen schon mal den Holzhammer, nehmen es nicht so genau mit der ganzen Wahrheit, sitzen leichtgläubig falschen Informationen auf, warten nicht lange genug ab (siehe Gespräch mit Helmut Schmidt). Und jene, die die Medien instand setzen sollen, für die Information der Bürger zu sorgen? Sie informieren oft genug unzureichend, zögerlich oder überhaupt nicht. Wen wundert's also, daß diese Informationen mit halbem Wahrheitsgehalt auch veröffentlicht werden? Und: Wie es in den Wald hineinschallt... Will sagen: Wer nicht informiert, bildet kein Vertrauenskapital, ist Recherchen ausgesetzt und Mutmaßungen. Auf Dauer gilt die Erkenntnis: Du kannst den Konsumenten nicht hinters Licht führen.

Die vierte Gewalt?

Das Geschäft besteht aus Nehmen und Geben, gewiß auch aus vielen Feinheiten, wobei das Publikum nie vergessen werden darf; sagen wir, es schwankt zwischen Informationsbedürfnis und Genußsucht. Weiter vertieft: Lohnt sich die Wahrheit? Und was ist Wahrheit? Besehen Sie sich das Image bestimmter Branchen und gewisser Firmen, dann beantwortet die Frage sich von selber!
Sind die Medien die vierte Gewalt im Staat? In den USA und Großbritannien etwa ist dies unbestritten, hierzulande umstritten. Meines Erachtens ist es wichtig, daß konstruktive Unruhe und konstruktives Mißtrauen die »Regierenden« in Politik, Unternehmen, Gewerkschaften, Verbänden etc. begleiten müssen, also erste Pflicht der Bürger sowie Journalisten, Verleger und Intendanten sind. Dies macht den Kern des Staatsgefühls aus. Und gerade Eigentümer-Unternehmer, die im Gegensatz zu fast allen anderen Berufen nicht abwählbar oder kündbar sind – oder es sei denn von den Kunden –, wissen oft genug ihre Freiheiten nicht genügend zu schätzen.
Das Bundesverfassungsgericht hat zum Thema Meinungs- und Pressefreiheit – und beide sind untrennbar verbunden – 1966 im Zusammenhang mit dem »Spiegel«-Verfahren das Essentielle betont: »Eine freie, nicht von der öffentlichen Gewalt gelenkte, keiner Zensur unterworfene Presse ist ein Wesenselement des freiheitlichen Staates; insbesondere ist eine freie, regelmäßig erscheinende politische Presse für die moderne

Demokratie unentbehrlich. Der zur politischen Entscheidung berufene Bürger soll umfassend orientiert sein, die Meinungen anderer kennen und gegeneinander abwägen. Die Presse hält diese Diskussion in Gang, sie beschafft die Information, nimmt selbst dazu Stellung und wirkt damit als orientierende Kraft in der öffentlichen Auseinandersetzung. Sie steht als ständiges Verbindungs- und Kontrollorgan zwischen dem Volk und seinen gewählten Vertretern in Parlament und Regierung. Diese Funktion der freien Presse in einem demokratischen Staat entspricht ihrer Rechtsstellung nach der Verfassung.«

Die konstruktive Bürgerunruhe wachzuhalten ist eine der wesentlichen Aufgaben der Medien. Wahrheiten, die unterdrückt werden, werden giftig. Alfred Herrhausen, obwohl nicht immer fair behandelt, bewies oft genug eine große Sensibilität für diese Prinzipien. Sein Vortrag »Im Spannungsdreieck von Unternehmen, Medien und kritischer Gesellschaft«, gehalten am 23. Oktober 1989 zum vierzigjährigen Jubiläum der Wirtschaftspublizistischen Vereinigung in Düsseldorf, belegt das. Der Bankier präzisiert erst einmal die Wirkung der öffentlichen Meinung als Urteilsinstanz bzw. die Erwartung, daß Entscheidungen und Verfahren im Sinne dieser Urteilsinstanz getroffen und eingerichtet werden sollten:

»Der Begriff der öffentlichen Meinung hat sehr schnell im politisch-philosophischen Raum Karriere gemacht. *All governments rest on opinion,* postulierte James Madison, einer der amerikanischen Verfassungsväter, in den

Federalist Papers. Alle Herrschaft gründet sich auf Meinung. Diese Überzeugung ist zu einem fundamentalen Glaubenssatz der westlichen Demokratien geworden. Mehr oder weniger virtuos wird auf den Instrumenten der Medienkommunikation gespielt, um die öffentliche Meinung für sich und seine Ansichten einzunehmen. Die Inszenierung von Wirklichkeit, die den Alltag der Medienwelt ausmacht, zwingt jedermann zur Selbstdarstellung. Es sind Rollen, die da gespielt werden, weil eine zuschauende und zuhörende Öffentlichkeit dies erwartet. Die Wirklichkeit inkarniert sich in Darstellung, und es taucht die Frage auf, ob sich eine durch Darstellung informierte Öffentlichkeit, ob sich eine solche *Informationsgesellschaft* denn auch tatsächlich in Richtung auf mehr Wirklichkeitsnähe bewegt. Ich habe hier ab und an Zweifel.

In einem Gespräch, das ich selbst kürzlich mit einem Journalisten hatte, sah ich mich am Ende zu der Bemerkung veranlaßt: ›Sie können sich offenbar gar nicht vorstellen, daß ein Mensch in meiner Position nicht machtbesessen, nicht konspirativ, maßlos ehrgeizig, geld- und ämtergierig, publizitätssüchtig ist – um schlimmere Epitheta beiseite zu lassen.‹ Seine freimütige Antwort lautete: ›Das kann ich mir in der Tat nicht vorstellen.‹ Können Sie es sich vorstellen? ...

Die Politiker haben längst gelernt, auf der Bühne der Medien um Zustimmung für ihre Person und ihre Sache zu werben. Sie wissen um die Legitimierungschance, die ihnen Presse, Hörfunk und Fernsehen bieten. Im Vergleich dazu hat man gelegentlich den Eindruck, daß in der Wirtschaft die Dimensionen der so verstandenen Öffentlichkeit noch nicht hinreichend erkannt werden. Dabei sind die Zeiten vorbei, in denen unser Metier durch einen von allen relevanten gesellschaftlichen Gruppen getragenen Grundkonsens legitimiert wurde. Für die Wirtschaft bedeuten diese geänderten Einstellungen eine große Herausforderung. Es werden ja nicht nur von gesellschaftlichen Außenseitern unser Fortschrittswille und unsere Problemlösungskompetenz in Frage gestellt.«

Gestatten Sie, daß ich die wie immer auch selbstkritische Argumentation unterbreche, um darauf hinzuweisen, daß Herrhausen dieses Rollenspiel nicht erst seit der Zeit seiner beiden Sprecherpositionen gepflegt hat. Gleichwohl hielt er sich vorher mehr zurück, wußte er doch um die Empfindlichkeiten, die bewußt hochgehaltenen Mißverständnisse, die Eitelkeiten der Konkurrenten. Man kann dies auch Karriereopportunismus nennen, muß wohl auch einflechten, daß der später Dominante es in seinen jüngeren Jahren verstand, listig die eine mögliche Option (etwa von VEW zur Dresdner Bank) in eine ihm besser dünkende hochzuverhandeln. Aber wer ist schon frei davon, seine Umwelt einzuschätzen und opportun zu agieren? Taxieren lassen müssen sich natürlich auch die Medien, die im Konkurrenzclinch liegen. Sie benutzen und lassen sich oft benutzen. Wie sieht Herrhausen eine der Schattenseiten in den Medien? Wieder wenige Kernsätze:

»Angesichts der komplexen Wirklichkeit ist eine Fragmentierung der Sachverhalte oft unvermeidlich, für die

die Menschen wegen der intellektuellen Entropie nach Orten der Gewißheit suchen. Solche Orte vermuten sie in den Medien, die mit ihrer subtilen Kodifizierung auch dort Verstehen vermitteln (müssen), wo die Wirklichkeit nur schwer verständlich ist. Das Maß, in dem ihnen dies gelingt, bestimmt über die Reaktionen des Gefallens in Gestalt von Einschaltquoten und Abonnements. Die Konsequenz ist eine Gefahr, die Gefahr nämlich, daß Wirklichkeit durch Zustimmung, Wahrheit durch Konsens ersetzt wird. Ich bekenne, dies bereitet uns in der Wirtschaft Schwierigkeiten. Denn sie auferlegt uns eine zweite Sicht und Verhaltensweise, an die wir noch nicht gewöhnt sind. Neben der Alltagspflicht nüchterner Realitätsbewältigung geht es um die engagierte Vermittlung unumstößlicher, wenngleich nur simulierter Realitätsgewißheit.

Ich meine, daß wir gemeinsam – Wirtschaft und Medien – daran arbeiten müssen, den Dialog zurückzugewinnen, um vom Wahrsagen zum Die-Wahrheit-Finden als einem verpflichtenden beiderseitigen Erkenntnisinteresse zu gelangen. Im Umgang mit der immer komplexer werdenden Wirklichkeit sind und bleiben wir alle Lernende. Erfolg können wir dabei nur dann haben, wenn wir der Entwirklichung durch Vor-Urteile oder vorgefaßte Meinungen, wenn wir der Klischierung der Realität entraten.«

Herrhausens Appell wirkt wie mit dem erhobenen Zeigefinger gesprochen, doch die zuhörenden Journalisten wissen, wie recht er im Prinzipiellen hat. Wenn er im folgenden die Unternehmerschaft mahnt, das *Gebot der Informationskultur* zu achten, dann wissen meiner Erfahrung nach die wenigsten unter ihnen, was ihre Pflicht wäre. Doch auch durch Schaden werden viele nicht klug. Wer nur seinem geschäftlichen Ehrgeiz, den Beschäftigten, den Aktionären und den Kunden dient, braucht sich nicht zu wundern, wenn auf sein Ansehen größere Schatten fallen als nötig. Läßt sich Vertrauenskapital überhaupt erreichen, wenn man für die Gesellschaft nicht mit offenem Visier zur Verfügung steht? – Zitieren wir weiter den Bankier:

»Die Wirtschaft muß das Gebot der Informationskultur pflegen. Stärker noch als bisher müssen die Unternehmen ihr Handeln gegenüber der Öffentlichkeit erklären. Wir sind unter Begründungszwang gestellt. Gerade weil, anders als in der klassischen Wirtschaftstheorie, der Wirtschaftende *Handelnder* und nicht von anonymen Wirtschaftskräften *Gehandelter* ist, bleibt er mit der individuellen Verantwortung beladen, die Zwecke seines Handelns zu reflektieren und zu verdeutlichen. Sonst erhalten oder erlangen wir nicht die Glaubwürdigkeit, die für unser erfolgreiches Wirken langfristig unentbehrlich ist. Manchmal habe ich den Eindruck, daß viele Unternehmen und Unternehmer den Dialog mit den Medien noch nicht als ständige unternehmerische Aufgabe begreifen. Die Medien werden oft weniger als Partner denn als Gegner begriffen, der sich nur für das Unternehmen interessiert, wenn es in Schwierigkeiten steckt. Der Dialog schließt natürlich Kritik ein – Kritik an uns und unserem Verhalten. Edzard Reuter hat formuliert: ›Nur Unternehmen, die ihr Tun in Frage stellen und sich dabei helfen lassen, indem sie in Kauf nehmen, in Frage gestellt zu werden, haben die Chance, richtig zu handeln.‹ Wir brauchen beides: Berichterstattung und Kommentierung, aber eine Kommentierung der Wirklichkeit, nicht eine solche der *Un*wirklichkeit. Das setzt auf unserer Seite Offenheit in des Wortes direkter Bedeutung voraus. Wir müssen sagen, was ist, d. h., wir dürfen nicht verschweigen oder verdecken. Bemühen wir uns also um Offenheit. Wir brauchen Glasnost für den Kapitalismus – auch und gerade für die kapitalistische Wirtschaft. Sie bedarf angesichts der Komplexitäten der Mittelbarkeit der Botschaft. Dies mag hier und da nach Vereinfachung rufen. Aber es muß eine Vereinfachung sein, die aus der Kenntnis des Komplizierten, nicht aus Scheu vor ihm entsteht. Ob vereinfacht oder kompliziert – notwendig ist Überblick. Aber er setzt Distanz – kritische Distanz – voraus. Halten wir Abstand. Nähern wir uns allenfalls auf Sichtweite. Dies hat nichts mit Berührungsangst zu tun und schon gar nichts mit Überheblichkeit. Es bedeutet vielmehr auch kritische Distanz zu uns selbst. Wirtschaft ist wegen des Objekts ihrer Fürsorge immer in der Gefahr der distanzlosen Selbstbezogenheit. Sie tendiert dadurch medienpolitisch zur Hofberichterstattung. Dem muß eine unvoreingenommene Medienbranche entgegenwirken.«

Sein Plädoyer für Reformprozesse

Herrhausens Appell, nicht nur den Wachstumskarren zu ziehen, zieht sich wie ein roter Faden durch sein Wirken. Er hatte erkannt: Wer nicht in die Masse dringt, ist unwirksam.
Herrhausen tritt für Reformprozesse ein, wann immer es sich ergibt. Beispiele: Wenn der DGB-Vorsitzende Ernst Breit ihn bittet, mit Arbeiterführer Lech Walesa zu sprechen, engagiert er sich genauso, als wenn es gilt, für die Sowjetunion einen 3-Milliarden-Mark-Kredit zu managen. – Früh tritt der Bankier in einem »Spiegel«-Interview für eine Vereinigung mit der DDR ein, aber er mahnt schon Mitte November 1989 kurz nach der Öffnung der Mauer Augenmaß an: »Wir müssen den EG-Integrationsprozeß beschleunigen, weil die Angst unserer Nachbarn vor einem zu starken, weil wiedervereinigten Deutschland nur abgebaut werden kann, wenn wir nationale Souveränitäten auf europäische Institutionen übertragen. Nur dann können die europäischen und die westlichen Nachbarn verdauen, was ein wiedervereinigtes, starkes, im Zentrum von Europa angesiedeltes Deutschland darstellt. Gerade die Entwicklung im Osten ist, wenn man es aus historischer Perspektive sieht, eine Veranlassung zum Beschleunigen der europäischen Entwicklung ... Nehmen wir einmal an, es kommt zu freien Wahlen in der DDR und dann irgendwann auch zu einem Referendum zugunsten der Wiedervereinigung, dann haben wir im westlichen und östlichen Kontext ein großes politisches Problem.«
Weitere Beispiele: Er gehörte zu den Initiatoren des

»Initiativkreises Ruhrgebiet«, der dem zu lange von Kohle und Stahl geprägten Industriegebiet einen neuen Aufschwung ermöglichen will, zusammen mit den zuständigen Politikern: »Zuweilen werden Ausreden gesucht, aber wir sind für das Wirtschaftsklima mitverantwortlich. Wir müssen fragen, was wir tun können, und wie können wir es richtig machen, und nicht, was machen die anderen falsch.« – Er war einer der Mitbegründer des »Aktionskomitees für Europa«, eine Vereinigung einflußreicher europäischer Industrieller, die den europäischen Integrationsprozeß unterstützen; Ziel: eine Währungsunion im Jahr 2000 mit einer gemeinsamen Währung. – Herrhausen schlug im September 1989 in Washington anläßlich der Jahrestagung von Weltbank und Weltwährungsfonds den Politikern und Bankiers eine Art »Kreditanstalt für Wiederaufbau und Entwicklung« für Polen (die hierzulande nach dem Zweiten Weltkrieg erfolgreiche Arbeit geleistet hat) vor, um dem wirtschaftlich maroden Polen zu helfen; der Plan ist inzwischen gereift. – Er war Mitglied des Direktoriums der ersten deutschen Privatuniversität Witten-Herdecke.

7. Kapitel

Die Bank in Hochspannung: Umorganisation und Managementtabus

Für die Deutsche Bank muß das Prinzip gelten: round the world and around the clock.

Alfred Herrhausen

Hat die Nummer 1 eine Vorliebe für Großkonflikte? Wer ihre vergangenen Jahre Revue passieren läßt, bilanziert eine ganze Kette davon: eigene Bauspar AG – Daimler kauft AEG – Flick verkauft – Roland Berger gekauft – eine Lebensversicherung gegründet – Klöckner & Co. gerettet, aber erst auch ganz geschluckt – Daimler-MBB-Fusion. Alfred Herrhausen also ständig auf dem Hochseil. Die Bank wird zur Hochspannung angespannt, als das »manager magazin« Mitte 1989 auf dem Höhepunkt des Daimler-MBB-Spektakels eine nun die innere Ruhe gänzlich störende Titelstory präsentiert: MACHTKAMPF IN DER DEUTSCHEN BANK – ALFRED HERRHAUSEN WILL DEUTSCHLANDS GRÖSSTES GELDHAUS AUF DEN KOPF STELLEN.
Das Titelblatt mit dem entschlossen dreinblickenden

Bankier beschert dem Magazin eine sehr gute Auflage, kaufen es doch besonders viele Mitarbeiter, die ja in ihrem Stolz auf das Erfolgs- und Kompetenzprofil ihres Instituts kaum zu übertreffen sind. Als die Leitenden die Geschichte anlesen, packt viele die Unruhe, wie man bald in Gesprächen merkt: »Mit einer für die Deutsche Bank beispiellosen Strukturreform will Alfred Herrhausen sein Haus auf das nächste Jahrhundert vorbereiten. Nach den bisher geheimgehaltenen Plänen verlieren viele Manager an der Front Macht und Einfluß. Kommt es jetzt zum Konflikt?«
Für Herrhausen und seine Vorstandskollegen beginnt ein weiterer Kraftakt, denn die Pläne sind noch lange nicht ausdiskutiert, werden im Vorstand kontrovers beurteilt. Viele Leitende scheinen die Umorganisationspläne wie eine Zentnerlast mit sich herumzutragen. Würde ihr Einfluß sich mindern? Würden sie umgesetzt, früher pensioniert? Und man kennt Herrhausen ja: Der Mann kennt keine Tabus, hat Durchsetzungskraft. Man beginnt verstärkt über seine Komponente der Rationalität und Kühle zu reden, über die *Plusminus-Spannungen*, die er erzeugt.

Das unpopulärste Thema

Ein Spezialist für Umorganisationen erklärt die stets davon ausgehende Unruhe und die folgenden Machtkämpfe prinzipiell: »Große Veränderungen in Firmen haben normalerweise 60% Gegner und 20% Befürworter; und 20% sind Opportunisten. Es war das unpopu-

lärste Thema, dem er sich stellen konnte, denn es ist die schwierigste Frage, vor dem ein erfolgreiches Traditionsunternehmen steht; schließlich spricht der Erfolg dafür, daß man die Organisationsstruktur unangetastet lassen sollte.«
Ein ehemaliges Mitglied des Hauses und heute Privatbankier, der damals ehemalige Kollegen trifft, die in heller Aufregung sind, weil das »manager magazin« auch Schwächen des Nobelinstituts aufgelistet hat, kann deren Aufregung nicht verstehen: »Veränderungen wirken doch auf die Kundschaft positiv. Herrhausen muß die Bank umkrempeln, wenn auf Europa und die Welt gesetzt wird. Denn sonst bekommen die auf Dauer nicht mehr ihre Kosten eingespielt, werden nicht die teilweise verkrusteten Strukturen überwunden, nicht die Manager erkannt, die nur im Windschatten agieren können. Und: Schließlich sind viele neue Wettbewerber angetreten, neue kommen hinzu. Die Privatbanken gewinnen ständig Kunden, zumal sie auf die Macht und die kosten- sowie größenbedingte Unbeweglichkeit der Großen hinweisen.«

Die Bank verdient hauptsächlich am eigenen Vermögen

Herrhausen trifft die starke Unruhe auch deshalb, weil er noch nicht ganz fertig damit ist, die Gruppe des Vorstandes und ihre Seilschaften so umzustrukturieren, daß ihre Gewöhnung, sich ständig mit zwei Sprechern abzugleichen, noch nicht vergessen ist. Und da er

die hierarchiefreie Kommunikation predigt, zum Widerspruch ermuntert, wollen die Widersacher nicht akzeptieren, wenn ihr Vorturner betont, er habe für dieses Problem lange Zeit gebraucht, bis er es »zu Ende gedacht« habe (seine immer wieder geäußerte Maxime). Herrhausen ist zwar auf Konsens bedacht, gleichwohl entscheidungsfreudig; der Eindruck mangelnder Kompromißbereitschaft drängt sich auf.
Es beginnt ein »schwerer Kampf«, bilanziert ein Eingeweihter. Und der Hauptgrund für den Handlungszwang? »Die Bank verdient hauptsächlich an ihrem eigenen Vermögen. Sie wäre kaum besser als ihre vergleichbaren Wettbewerber, wenn sie nicht davon und von Sondergeschäften wie dem Flick-Deal (zirka eine Milliarde DM) profitieren würde. Daraus erklärt sich auch das große Engagement für Daimler, einer der wesentlichsten Vermögensbestandteile der Deutschen Bank; wenn Daimler nicht funktioniert, dann schmilzt ein großer Teil des Vorsprungs gegenüber der Konkurrenz. Das Fazit: Herrhausen ist unzufrieden mit der Ertragslage, weil die Rentabilität mittelfristig zurückgehen mußte.«
Und die weiteren Gründe für die Umorganisation?
»Die Kapital- und Personalressourcen bringen nicht mehr das, was sie bringen müssen, wenn die Devise ›round the world and around the clock‹ gelten soll. Wie sollen denn etwa die Milliarden und aber Milliarden aufgebracht werden, um Bankakquisitionen in aller Welt zu finanzieren? Das funktioniert auf Dauer nicht nur aus der Substanz! Die Deutsche Bank ist ›high-cost-producer‹, aber in bestimmten Bereichen kann nur ein

›low-cost-producer‹ etwas werden. Also muß besonders für diese Produkte und Dienstleistungen die Unternehmensstruktur geändert werden, zumal die Japaner mit ihren bisher niedrigen Kapitalbeschaffungskosten überall erfolgreich vorgehen.«
Und die Schwächen, en détail aufgelistet?
»Die vielen Stärken beruhigen zwar, aber eine schwache Kundenbasis in Europa, USA und Japan sowie zu wenige international ausgerichtete Manager können schon deshalb nicht beruhigen, weil die Welt erstens ›overbanked‹ ist und zweitens die hierzulande historisch ungebrochenen Vermögen weltweit Anlage suchen. Die Tendenz zu Arroganz und Bankbeamtentum (also zuwenig ausgeprägtes Unternehmertum) ist natürlich ein weiteres Handicap – Doppelarbeiten in den Filialen und der Zentrale, in der Größe liegende schwerfällige Koordination, oft unzureichende Kompetenzbündelung, aufwendiger Vertrieb: dies alles sind natürlich Kostenfaktoren enormer Qualität. Dies belastet um so mehr, weil der kleinere Mittelstand mit seiner per saldo enormen Kundenkraft sich selten gerne Giganten anvertraut.«
Aus einer anderen Perspektive analysiert: Mit einem wesentlich stärkeren Kapitaleinsatz als die Konkurrenten ist mehrere Jahre nur ein Ergebnis erreicht worden, das in Relation zum Aufwand nicht stimmig war. *Und das kann nur an einer nicht optimalen Struktur, an einem nicht optimalen inneren Kommunikationswesen liegen.*
Deshalb plakatiert Herrhausen *seine drei großen S:* STRUKTUR – STRATEGIE – STEUERUNG. Dazu braucht man in einem Konzern wie dem der Deut-

schen Bank viele Leute. Das Dilemma: Man muß Unruhe provozieren, um die Umorganisation einzuleiten, aber dabei riskiert man zuviel an Kontra-Unruhe, verfehlt leicht sein Ziel. Denn: Nur die konstruktive Unruhe kann es bringen.

Bei derartigen Kraftproben beginnt selbst der Kenner erst zu ahnen, was Firmen solchen Kalibers im Innersten zusammenhält und was nicht. Herrhausen ist vorsichtig genug, mit dem brisanten Stoff erst herauszurücken, als er alleiniger Sprecher ist. Die führenden Unternehmensberatungsfirmen McKinsey und Roland Berger werden erst einmal beauftragt, die Führungs- und Organisationsstrukturen zu analysieren. Acht Monate lang befragen die beiden Teams die Vorstände und ausgesuchte Direktoren in der Zentrale. An der Verkaufsfront bei den einflußreichen Hauptfilialen wird nicht recheriert. Das ist Herrhausen zu gefährlich, hier muß die ihm unterstellte Abteilung für Konzernentwicklung einspringen. Die komplexen Zwischenergebnisse werden von einem Lenkungsausschuß des Vorstandes diskutiert. Je länger die Arbeiten dauern, desto mehr Unruhe beginnt sich bei vielen Leitenden festzusetzen, die zwar oft genug verlernt haben, zwischen Atemluft und Weihrauch ihrer Untergebenen zu unterscheiden, nun aber in deren Reihen die Nervosität weitergeben.

Knackt einer die Bank?

Als dann das »manager magazin« durch die Enthüllungsstory »Einer knackt die Bank« für jeden Mitarbeiter der Bank die Pläne einsichtig macht, kommt es zur Hochspannung. Hier das Wesentliche: »In ihrer Strukturanalyse plädieren die Berater für mehr marktorientierte Spezialisierung, für den Vorrang der vertikalen Spartengliederung (nach Kunden und Produkten) vor dem bisher praktizierten regionalen Universalbankprinzip. Nach dem Umbau würden die bis dato wie selbständige Institute geführten Hauptfilialen, die sogenannten Kopfstellen, ihren Status als Universalbank und Profit-Center verlieren. Denn wichtige Geschäfte sollen im Vorstand als Profit-Center verankert werden. Die Hauptfilialleiter von Hamburg bis München, bisher in der Region für nahezu alles zuständig, müssen Kompetenz und Verantwortung abgeben. Und weil es nach der Einschätzung der Berater draußen zu viele Kopf- und Abwicklungsstellen gibt, ist Straffung angesagt. Die frei werdenden Manager, so das Kalkül der Reformatoren, könnten für den internationalen Ausbau effizienter eingesetzt werden. Deshalb sollen nach den neuesten Plänen des Vorstands die 17 Kopfstellen auf sieben Einheiten konzentriert werden. Zusätzlicher Vorteil: Weniger Hauptfilialen würden die ohnehin langwierige Divisionalisierung erheblich erleichtern.«
Sollte Ihnen die Struktur des Nobelinstituts auch nicht so wichtig sein, so muß doch ein Minimum erklärt werden, damit Sie eventuelle Parallelen zu Ihren Firmen ableiten können und auch die Brisanz der Herr-

hausenschen Kraftprobe ganz deutlich wird. Nicht nur Sozialismus ist eine ständige Aufgabe – von alten Ideen. Wer gibt schon gerne Kompetenz und Verantwortung ab? Warum soll ein bewährtes Prinzip überhaupt reformiert werden? fragen die eventuell betroffenen Manager; und andere mutmaßen, den Absichten folgten weitere Reformen; jeder hat ja so seine Freunde in der Zentrale, die dann vielleicht mitbetroffen sind. Wahr ist: Die Deutsche Bank ist eine Art Konföderation von im großen und ganzen selbständigen regionalen Universalbanken mit Gemeinschaftsverantwortung. Die Hauptfilialleiter – je nach Größe zwei bis sechs Direktoren – arbeiten wie ein kleiner Vorstand. Zitieren wir Hermann Josef Abs, der einmal postuliert hat: »Unsere Stärke ist der mögliche Ungehorsam der Filialdirektoren.«

Hat unser großer Vorsitzender und seine auf Erneuerung erpichte Crew eine zu hohe Meinung vom Reißbrett? stochern die kleinen und großen Leitenden in der Glut. Kennen die da oben überhaupt den Unterschied zwischen »Theologie« und Praxis?

Andererseits: Wer wollte von den Widerständlern bestreiten, daß die Finanzwelt und mit ihr die Ökonomie in starken Umwälzungen begriffen ist! Da läßt sich nicht mehr dem so beliebten Prinzip der Beliebigkeit frönen. Hier gilt, was die alten Machthaber in der DDR negiert haben: *Wer zu spät kommt, den bestraft das Leben!*

Die Grenze seiner Souveränität?

Diese zwei Denkschulen stehen sich gegenüber. Die Diskussionen in der 55000 Beschäftigte großen Bank-»Familie« lassen sich nicht mehr geordnet kanalisieren, sie werden bald in den Aufsichtsrat getragen. Ein Mitglied berichtet über ein für die Führung des Instituts problematisches Ereignis: »In einer Aufsichtsratssitzung meldet sich ein Betriebsrat, der eigentlich ein Musterschüler der Bank ist, der ohne Arg vorträgt, was sich in der Bank im Hinblick auf die Umorganisationspläne usw. alles abspielt. In einer Art Verlängerung von Kantinengesprächen in den Aufsichtsrat trägt er Herrhausen und seinen Vorstandskollegen und dem ganzen aus Industriellen, Bankiers und Gewerkschaftern zusammengesetzten Gremium vor, was die in ihrer inneren Struktur eher konservativen Mitarbeiter so alles erzählen und mutmaßen: Unfehlbarkeit und Päpstlichkeit der Führung; der patriarchalische Stil der Personalpolitik müsse einem etwas rauheren Wind weichen; es drohten im Modernisierungsprozeß der Bank unsoziale Härten; die neue Politik verunsichere alle jene, die nicht von vornherein auf der Gewinnerseite seien.

Und dies hat der Betriebsrat in aller Gutgläubigkeit und Harmlosigkeit vorgetragen. Aber Herrhausen verliert die Contenance, reagiert beleidigt und scharf, vielleicht auch deshalb, weil der Aufsichtsratsvorsitzende sich nicht einmischt. Es hat ihn sicher mit Recht geärgert, daß sein Bemühen, die Lage der Bank zu verbessern, sie in rauhere Wetter zu führen, nicht angenommen und verarbeitet wird. Andererseits muß jemand, der zu offener Diskussion ermuntert, diese undiplomatische Art doch akzeptieren. Hier haben sich die Grenzen seiner Souveränität gezeigt. Jetzt wird sich natürlich herumsprechen, daß die Glaubwürdigkeit des Angebotes zur hierarchiefreien Kommunikation so ernst nun auch nicht zu nehmen ist, denn schließlich läßt sich doch nicht von vornherein zwischen richtig und falsch unterscheiden.«

Nur große Persönlichkeiten können umkrempeln

Man sieht: Strukturen lassen sich nicht erzwingen; die Folgen eines gravierenden Fehlers können wie eine chemische Reaktion sein, die nicht rückgängig zu machen ist. Andererseits erkennen die Kritiker an: Herrhausen besitzt die Gabe der Vision, die Fähigkeit, Strategien zu positionieren. Und hat der geborene Essener nicht recht, wenn er als warnendes Beispiel die in Essen residierende Traditionsfirma Krupp nennt? In den sechziger Jahren war sie auf der Hitliste der deutschen Firmen noch die Nummer 1, heute rangiert sie nicht einmal mehr unter den ersten 40, ganz abgesehen davon, daß sie in keiner guten Verfassung ist. Schließlich stimmt es ja auch, daß die ausländischen Wettbewerber der Bank gerade bei den Bankenprodukten Spitzenplätze einnehmen, die besonders innovativ, besonders ertragreich sind und besonders internationalen Charakter haben.
Es sind ja längst nicht mehr die deutschen Großban-

ken, die Landesbanken der Sparkassen oder die der Volks- und Raiffeisenbanken, an denen die Deutsche Bank sich international messen muß. Vielmehr sind es Namen wie Dai-Ichi-Kangyo, die größte Bank der Welt, Nomura, das größte Wertpapierhaus der Welt, Citibank, Pariba und die Schweizerische Kreditanstalt, um nur einige erste Adressen zu nennen, gegen die es zu bestehen gilt. Das Fazit: Die weltweite Nachfrage und der weltweite Wettbewerb verändern das Umfeld der Bank so tiefgreifend, daß sie mit den derzeitigen Strukturen sowie ihren alten Instrumenten nicht mithalten kann, selbst dann, wenn sie weiterhin ausländische Banken kauft. Dies um so mehr, weil bei vielen Kunden der Trend für *maßgeschneiderte Spezialangebote* gilt.

Die Argumentationskette mag noch so logisch sein, um die Hochspannung in der Bank abzubauen, wird nun die Organisationsdebatte nach dem Motto geführt: Der Köder muß dem Fisch schmecken und nicht dem Angler. Bei Widerständen lautet gewöhnlich die Schlüsselfrage: Wie läßt sich das Ideal mit der Realität übereinbringen? Herrhausen begreift, daß die Bank nicht so entstehen wird, wie er sie sich vorgestellt hat. Ein Berater: »Ein Herrhausen hätte allerdings niemals die leichteste Lösung akzeptiert, denn es gehört doch zu den wichtigsten Aufgaben des ersten Mannes, die effizientesten Strukturen zu entwickeln. Umorganisationen dieser Art bekommt man nur mit großen Persönlichkeiten hin!«

Die prinzipielle Meßlatte angelegt, bedeutet das doch: Geschäftliche Mißerfolge sind in ihren ersten Signalen zwar früh zu erkennen, aber der schleichende Prozeß

der Unterhöhlung zeigt sich erst viel später in aller Deutlichkeit. Und dann halten die Mitarbeiter den Führenden auch das nicht zugute, was sie ihnen zu Gefallen getan haben.
Und wie endete der Kraftakt? Was Alfred Herrhausen, sein Nachfolger Hilmar Kopper und der zuständige Vorstandsausschuß erarbeitet und erstritten haben, wird in folgenden Leitlinien verwirklicht:

> Das Gesamtgeschäft soll in die drei Bereiche für Privatkunden, Firmenkunden und Institutionen sowie für Dienstleistungen strukturiert werden.
> Die Geschäftsstellen sollen nicht mehr für alles zuständig sein.
> Die Spezialisierung soll innerhalb der drei Geschäftsbereiche vom Vorstand über die Filiale bis zum Kunden durchgehalten werden, also muß die bisherige Regionalbankstruktur auf der Ebene der Hauptfilialleiter einer Individualverantwortung der einzelnen zuständigen Direktoren in den Hauptfilialen weichen. Damit verbunden ist auch die Ergebnisverantwortung der einzelnen Geschäftsbereiche bis zum Vorstand.

Das Fazit der ja von Herrhausen ursprünglich geplanten weitergehenden Umorganisation: Es soll ein höherer Grad von Marktorientierung erreicht werden. Das Regionalprinzip bisheriger Art wird zurückgedrängt. Es entsteht eine unternehmerische Ergebnisverantwortung vom Kundenberater vor Ort bis hinauf zum Vorstand.

8. Kapitel

Managementtabus und ihre Folgen

Alles, was in Unternehmen unausgesprochen bleibt, führt auf Dauer zu Schäden. Denn Mißtrauen kann nicht nützlich sein. Es entstehen negative Organisationsmechanismen.

Roland Berger

Wenn Firmen umorganisiert werden – das unpopulärste Thema, dem die Chefs sich stellen können –, ist immer ein starkes Kraftfeld eingeschlossen, nämlich die Managementtabus, die in Firmen gelten. Herrhausen war ein Unternehmer, der nicht in Tabukategorien dachte; für ihn war a priori alles denkbar, alles analysierbar. Wenn er Wesentliches erkannte und dies gegen ein Tabu verstieß, war er bereit, das Richtige auszusprechen. »Er hat vor Tabus nicht aufgegeben« (Roland Berger).
Als ich dem Bankier zu diesem heißen Eisen ein Tischgespräch vorschlage, sagt er nach ein paar Fragen, was denn ich darunter verstehe, zu. Leider kann es dann nicht mehr dazu kommen. Ich bitte deshalb den

Unternehmensberater Roland Berger, der die größte bundesdeutsche Beratungsfirma aufgebaut hat (Roland Berger & Partner) und mit Herrhausen oft über die Umorganisation der Deutschen Bank wie über besagte Tabus diskutiert hat.

Bergers Devise: Als Berater kann man sich keine Vorurteile leisten. Der geschäftsführende Gesellschafter – er hat 75 Prozent an die Deutsche Bank verkauft – glaubt, daß dieser aufsehenerregende Kauf durch die Nummer 1 eine Art Pionierleistung war. Warum? Banken hätten zuwenig Ahnung von den Detailstrukturen und -mechanismen von Unternehmen und Märkten. Daß der Erwerb der Unternehmensberatungsfirma Mut voraussetzte, zeigte sich bald: Besonders im Mittelstand kritisierte man den Einflußhunger der ersten Bank, und die Konkurrenten nutzten die Kritik für ihr Image. Erst war der Wirbel groß, inzwischen sind andere Großbanken diesem Vorbild gefolgt. – Herrhausen hat den Kauf gegen eine Mehrheit im eigenen Hause durchgesetzt. Seine Hauptmotive: Wir wissen zuwenig über die firmen- und warenbezogenen Detailzusammenhänge des Geldes – die Deutsche Bank kann mittelständischen Firmen Ratgeber bieten, um beizeiten Probleme zu lösen. Berater werden mit gemischten Gefühlen gesehen, weil sie unvoreingenommener als die Führenden zu analysieren und zu raten pflegen. Sie müssen diskret wie Ärzte sein, und oft genug werden sie als »Ärzte« ans Krankenbett von Firmen geholt. Denn auch in der gepriesenen Marktwirtschaft wird unter dem angehäuften Gerümpel der Verdrängung gerne Null ouvert gespielt; Fakten werden retuschiert, solange es geht.

Der Hierarchiestau

Roland Berger redet ähnlich unverblümt und Tacheles wie Alfred Herrhausen: »Mir ist ein Metzger, der eine Wurstfabrik aufgebaut hat, aber von strategischer Planung keine Ahnung hat, viel lieber als ein Jungakademiker, der im Leben noch nicht viel mehr auf die Beine gestellt hat als arrogante Sprüche und gute Aufsätze.« Wir sprechen über die Umorganisation der Bank im speziellen und Firmenhierarchien im allgemeinen. War sich Alfred Herrhausen der Gefahren bewußt?

Der Gefahren war er sich bewußt. Aber er stand in einem Spannungsverhältnis: Einerseits fühlte er sich verpflichtet, die Änderungen durchzuführen, die notwendig waren, um die Bank auch in Zukunft in der Spitzengruppe der global aktiven Institute zu halten. Andererseits mußte er die notwendige Vorsicht walten lassen, seinem Institut nicht zu schaden, indem er die Konfliktfelder zu breit ausdehnte. Wenn man, wie Herrhausen, auch nach außen offen über die Strategie seines Unternehmens spricht, riskiert man auch Widerstand, von innen wie von außen. Speziell in einem Haus, in dem vieles auf Diskretion begründet ist, in dem Hierarchie noch eine entscheidende Größe ist, mußte Herrhausens Art, Tabus nicht anzuerkennen, auch auf Widerstand stoßen. Hierarchisches Verhalten ist speziell in deutschen Organisationen und Bürokratien eine fest verankerte Größe. Insofern ist Hierarchie kein geringzuschätzendes Managementtabu. Und Sie wissen ja, daß auch Herrhausen für die hierarchiefreie Kommunikation plädiert hat, was in festgefügten Strukturen nur schrittweise durchzusetzen ist.

Hierzu paßt das Thema Kleiderordnung in den Betrieben ...

Darunter fällt eine ganze Menge: Zunächst Äußerlichkeiten, wie Größe der Büros, der Schreibtische und der Firmenwagen, die Bilder an den Wänden und in einem mir bekannten Fall auch die Zahl der Arme pro Leuchter. Aber auch die Substanz ist davon betroffen. Wer darf was zu wem sagen? Wie weit darf man überhaupt in einer bestimmten Diskussion denken? Damit reduziert Kleiderordnung automatisch einen Großteil der Ideen – und Kreativitätspotentiale – in einem Unternehmen. Nicht selten bekommt der Vorstand nur das auf den Tisch, was die Ebene darunter denkt, wenn überhaupt! Dies ist auch oft ein Grund dafür, daß Unternehmensberater für die hierarchieübergreifenden Informationen eingeschaltet werden müssen, weil man in deutschen Organisationen nicht direkt über die Hierarchieebenen hinweg kommunizieren kann. Damit werden Unternehmensberater zu einer wichtigen Institution, die hierarchiefrei Problemsicht und Ideenpotential aller Mitarbeiter selektiert auf den Tisch des Vorstands bringt.

Das Tabu Macht

Ist es ein Tabu, über Macht offen zu sprechen? Meiner Beobachtung nach bekennt sich fast niemand dazu. Im Konkurrenzkampf wird zwar darauf hingearbeitet, aber allgemein ist nur von Können, notwendigem Gehorsam in der Hierarchie usw. die Rede.

Das Wort Macht berührt sicher ein Tabu. Aber über Macht muß man schließlich verfügen, wenn man etwas ändern, bewirken und erreichen will. Natürlich macht niemand für sich und für die anderen das Leben leichter, wenn er das Tabu Macht bei diesem schroffsten möglichen Wort nennt. Denn in Deutschland gibt niemand gerne offen zu, daß er Karriere machen will, daß er etwas erreichen will. Und natürlich gehen Karrieren einzelner immer auch zu Lasten anderer, die dann diese Karriere nicht machen können. Insoweit ist jede Organisation ein stabiles Konfliktpotential, in dem jeder seine Verbündeten und potentiellen Gegner kennt. Zum labilen Konfliktpotential wird die Organisationsstruktur immer dann, wenn ein Berater von außen sich mit ihr beschäftigt – daher das weitverbreitete Unbehagen gegenüber Unternehmensberatern.

Ist in der Kategorie Macht auch das Mißtrauen etwas Unausgesprochenes?

Darüber wird selten offen gesprochen. Herrhausens Charakter beispielsweise war, soweit ich ihn kannte, sicher nicht von Mißtrauen geprägt. Mißtrauen und Angst werden im Rahmen einer offenen Führung, einer offenen Kommunikation zum Nutzen der Gesamtorganisation abgebaut. Auch darf nie vergessen werden, daß viele Leute in einer Organisation Angst haben, etwa Angst davor, falsch eingeschätzt zu werden, Mißerfolg zu haben, nicht aufsteigen zu können, ja sogar den Job zu verlieren. Darüber spricht man aber im allgemeinen nicht: Es geht einem immer gut, wenn man gefragt wird. Dabei gibt es in Wirklichkeit starke Angstmechanismen, die nur durch offene Kommunikation abgebaut werden, dazu gehört oft auch die Angst von Vorgesetzten vor vorwärtsdrängenden Kollegen, vor allem vor Veränderungen.

Die Unkultur der nichtoffenen Kommunikation

Wenn keine offene Führung praktiziert wird, fördert das die »tägliche ganz normale Verschlagenheit«?
Durchaus. In jeder Organisation werden nicht wenige Prozente des Leistungspotentials zur Sicherung oder zur Eroberung von hierarchischen Positionen verwendet, ohne daß dies der Sache besonders dienlich ist. Dadurch werden ständig unausgesprochene Rivalitäten erzeugt. Aber alles, was unausgesprochen bleibt, führt auf Dauer zu Schäden. Denn Mißtrauen kann nicht nützlich sein. Vielmehr entstehen negative Organisationsmechanismen mit der Folge von Minderleistungen.
In solchen Unternehmen erzeugen Mißtrauen, Angst und mangelnde Offenheit in Information und Kommunikation verstärkende Leistungsdefizite. Und wenn es dann so weit kommt, daß Machtkämpfe sogar über die Presse ausgetragen werden, dann ist dies eine Pervertierung offenen Führungsverhaltens der Unternehmen. Führer und Geführte konzentrieren sich nur noch auf ihre Eigeninteressen, das Anliegen des Unternehmens wird zur Nebensache.

Das Führungsvakuum

Ich habe oft beobachtet, daß kaum Interesse an der offenen Kommunikation besteht, weil sich auf »Seilschaften der Getreuen« verlassen wird.
Auch das findet man oft. Ein Mangel an offener Kommunikation ist immer auch ein Versagen der Führenden. Diese Unkultur existiert in nicht wenigen Unternehmen. So oder

so reduziert ein Mangel an offener Kommunikation und Information die Leistungsfähigkeit eines Unternehmens und seiner Mitarbeiter. Leistung kann in einem Klima der Angst, des Mißtrauens, der Verschlagenheit, der Unredlichkeit und der Uninformiertheit nicht gedeihen.

Dies ist auch ein Grund dafür, daß viele Inhaber-Unternehmen nur so lange wachsen und gedeihen, wie der Unternehmer seine Firma noch übersehen kann. Erreicht das Unternehmen aber eine neue kritische Größe, die die Führung durch mehrere Personen erfordert, und ist der Gründer oder Inhaber dann nicht bereit, Information, Wissen, Führungsanspruch und gegebenenfalls sogar Eigentum zu teilen, geht es oft recht rasch bergab. Es entsteht ein Führungsvakuum; den Mitarbeitern fehlt die klare Zielsetzung für ihre Aufgabe und Führung. Die Mannschaften denken schließlich: »*Der Alte wird's schon richten*« *und delegieren ihre Aufgaben nach oben. Oft endet das für ein Unternehmen tödlich.*

Allgemein formuliert: Mangelnde oder gar unterdrückte Informationen führen zu Gerüchtebildungen und informellen Organisationsstrukturen, die schließlich die offizielle Organisationsstruktur und die hierarchische Position der Unternehmensführung außer Kraft setzen. Es entsteht die Problematik der »*inneren Kündigung*« *wichtiger Führungs- und Schlüsselkräfte – oft mit der Konsequenz, daß die Firma dann reif ist für einen Führungswechsel, wenn es nicht gar schon zu spät dafür ist.*

Das typisch deutsche Kommunikationsverhalten

Paßt zu dieser Tendenz das Tabu, den Gegner nicht anzuerkennen, womit ich auch etwa das übliche Gerede zwischen Unternehmern und Gewerkschaften meine?

Für manches Management ist es ein Tabu, über und mit Wettbewerbern offen zu kommunizieren, sie in ihren Stärken anzuerkennen und so letztlich auch seine eigene Position unvoreingenommen zu bestimmen. Dieses Kommunikationsverhalten ist übrigens aus meiner Sicht typisch deutsch und in anderen Kulturen viel weniger ausgeprägt. Es fällt uns Deutschen leichter, Gegner wie Freunde in der Öffentlichkeit zu kritisieren, als ihnen Anerkennung zu zollen, wie wir es ja täglich erleben. In den USA wird Anerkennung viel öfter und freimütiger gezollt.

Ist es ein weiteres Managementtabu, daß in Organisationen ungeschriebene Gesetze gelten?

Ja, und dieses Tabu ist ein Problem für die Führung; denn ungeschriebene Gesetze gelten oft noch, wenn sie sich schon längst ad absurdum geführt haben, und werden befolgt nach dem Motto: »Das haben wir schon immer so gemacht.« So ist es oft ungewöhnlich, Entscheidungen eines Vorgängers in Frage zu stellen oder abzuändern, selbst wenn die Verhältnisse sich gravierend verändert haben. Solche ungeschriebenen Gesetze neu zu schreiben erfordert Mut, wie ihn Herrhausen im übrigen oft bewiesen hat. Denken Sie nur an den Wechsel im Vorstandsvorsitz von Daimler-Benz.

Gezüchtete Schweigespiralen

Dürfen hierzulande Mitarbeiter ihre Firma, ihre Branche in Frage stellen, ohne sanktioniert zu werden?
Diese Frage ist nicht so einfach zu beantworten: Aus meiner Sicht haben sich Mitglieder einer Organisation, wie z. B. eines Unternehmens und einer Führungsmannschaft, nach außen hin loyal zu den Zielen und Entscheidungen ihres Unternehmens zu verhalten, und wenn ihnen dies nicht möglich ist, dann sich ein anderes Wirkungsfeld zu suchen. Ganz anders sieht es nach innen aus: Hier muß rechtzeitig und in offener Kommunikation vor Fehlentwicklungen gewarnt werden, Probleme müssen auf dem Tisch ausdiskutiert, Wege zu ihrer Lösung gefunden, entschieden und durchgesetzt werden. Kritik im Unternehmen darf also nicht als Illoyalität oder Geschäftsschädigung diffamiert werden. Denn dadurch werden Veränderungs- und Reformprozesse behindert und hinausgezögert.
Mitarbeiter müssen wissen, wofür sie arbeiten. Sonst kreieren sie sich Ersatzziele und -werte, für die sie eintreten. Nehmen Sie einmal die exzellenten Mitarbeiter und Führungskräfte der Deutschen Bundesbahn oder der Ruhrkohle, Unternehmen, die für lange Zeit nicht aus den roten Zahlen zu bringen sein werden. Dort suchen sich viele Mitarbeiter statt der normalen Gewinn- und Leistungsziele eines Unternehmens Ersatzziele wie technische Perfektion, Sicherheit am Arbeitsplatz und des Arbeitsplatzes, also Sekundärzielsetzungen, weil die ökonomische Primärzielsetzung als unerfüllbar aufgegeben wurde.
Diese Verhaltensweisen sind meines Erachtens gezüchtete Schweigespiralen. Hierzu gehört, daß man

keine Skrupel zeigt, wenn es auf dem weiten Feld zwischen Ethik und Monetik gilt, Zivilcourage zu zeigen, sprich die materiellen Zwänge, die gegen ethische Grundsätze verstoßen, offen anzusprechen. Früher gehörten generell die Umweltschädigungen zu den Tabus in Unternehmen.
Da wurde nicht selten politisch diffamiert: Unternehmensinterne Kritiker an umweltschädigenden Verhaltensweisen wurden oft als Linke und Grüne abgestempelt. Daß derartiges Totschweigen und Diffamieren der untaugliche Versuch ist, sich ein unbequemes Thema vom Hals zu halten, hat sich auf dramatische Weise erwiesen.

Der scheinmoralische Anstrich

Also die kognitive Dissonanz des »Nicht sein kann, was nicht sein darf«?
Selbst halbe Wahrheiten haben kurze Beine. Nehmen wir den angeblichen nachlassenden Leistungswillen der jungen Leute, die nicht mehr genügend arbeiten wollen, nicht mehr mobil genug seien. Ich meine, als Unternehmer muß man die Verantwortung umkehren: Der Unternehmer muß den jungen Leuten Arbeitsplätze bieten, die ihnen Spaß machen. In einer hochtechnisierten Wohlstandsgesellschaft ist es nicht mehr unbedingt nötig, von der jungen Generation zu verlangen, repetitive geistlose Routinetätigkeiten mit Liebe und Einsatzwillen auszuüben. Vielmehr ist es die Aufgabe der Unternehmer, darüber nachzudenken, wie man mit technischer und organisatorischer Kreativität Arbeitsplätze schafft, die die jungen Menschen auch zu Höchstleistungen motivieren.

Wer Vergangenes unter einem scheinmoralischen Anspruch bewahren möchte, der übersieht, daß spätes Anpassen an notwendige Veränderungen sehr viel schwerer fällt. Damit schneidet er sich ins eigene Fleisch. Denn – um beim Beispiel zu bleiben –: Gerade die tüchtigen jungen Leute erheben den ganz normalen Anspruch auf einen Arbeitsplatz, der ihnen Entfaltung ermöglicht. Wer diesen nicht bieten möchte, sondern nur Forderungen erhebt, dem bleiben schließlich nur die Leistungsschwachen als Mitarbeiter.

Lagergeschwätz und Glaubwürdigkeitslücke

Wie beurteilen Sie die Parole, daß möglichst lange Arbeitszeiten a priori gut sind?
Das alleinige Heiligsprechen der Arbeit ist sicherlich falsch. Arbeit ist zwar ein besonderer Wert, aber nicht der einzige wichtige Wert für den Menschen. Die Manager, die selbst viel arbeiten müssen und fast immer auch wollen, weil sie ehrgeizig genug sind, versuchen ihr eigenes Verhalten zu einem moralischen Wert hochzustilisieren. Ich wehre mich aber dagegen, die eigenen Verhaltensweisen dadurch zu rechtfertigen, daß man sie zur Norm erhebt und Abweichungen davon diskriminiert. Dadurch entsteht auf Sicht eine Glaubwürdigkeitslücke mit all ihren Folgen.
Beispielsweise wird in der Frage der Arbeitszeitverkürzung merkwürdig argumentiert. Sie wird von fast allen Unternehmern kategorisch abgelehnt, offensichtlich, weil man als Unternehmer dagegen zu sein hat, obwohl wir seit Beginn des industriellen Zeitalters ständig Arbeitszeitverkürzungen erleben. Die entscheidenden Fragen des richtigen

Zeitpunktes, des richtigen Maßes und der Kosten-Nutzen-Relationen werden durch das »Ob-überhaupt« tabuisiert. Dabei könnte ich nicht wenige Branchen nennen, für die Arbeitszeitverkürzungen Vorteile brächten, weil sie damit flexibler arbeiten und ihre Kapitalinvestitionen besser nutzen könnten. Für einfaches Pro und Kontra ist unsere heutige Industrielandschaft einfach zu komplex und zu differenziert: Was für eine Branche, einen Unternehmer und eine Region richtig sein kann, kann für eine andere Konstellation genau das falsche sein. Und wenn es ernst wird: Welcher Beschäftigte hat sich schon dagegen gewehrt, Überstunden zu leisten, wenn sie wirklich notwendig sind.

Das reine Lagergeschwätz führt also zu einer Glaubwürdigkeitslücke. Im anderen Lager redet man dann gegen den Eroberungstrieb des Kapitalismus, gegen Profitgier und gegen Ausbeutung. Und so kommt es dann häufig zu unredlichen Auseinandersetzungen, nicht selten verbunden mit Klagen über mangelnde Redlichkeit – natürlich des anderen Lagers. Gerade aber Redlichkeit müßte in der Wirtschaft stark gepflegt werden. Woher kommen denn die Glaubwürdigkeitslücken, über die die Wirtschaft sich beklagt? Doch überwiegend aus mangelnder Information und mangelnder Redlichkeit in der Kommunikation und nicht aus dem Mangel an Erfolg, den die Wirtschaft ja produziert!

Das Wegverschweigen und die bitteren Folgen

Wichtige Entwicklungen, die wegverschwiegen werden, schädigen Volkswirtschaften wie einzelne Firmen, führen zu teuren Verwerfungen. So ist von den

Arbeitgebern zuerst in der Stahlindustrie unter dem Druck der anderen Arbeitgeberverbände der Sechs-Wochen-Urlaub angeboten worden, um die an sich notwendige kürzere Wochenarbeitszeit zu verhindern; dies ist nun fast in der ganzen Wirtschaft die Regel, und inzwischen geben die Arbeitgeberverbände zu, dies war ein gravierender Fehler. Weitere Beispiele für das Wegverschweigen?

Die Herausforderungen der dritten industriellen Revolution durch die Mikroelektronik sind lange Zeit unterbewertet und in der Öffentlichkeit bagatellisiert worden. Die Kundschaft durfte schließlich nicht verunsichert werden, und durch ein paar japanische Niedrigpreisnachahmer darf man sich schließlich nicht ins Bockshorn jagen lassen. Zwar haben einige wenige Verantwortliche die Umwälzungen plakatiert, aber in der Breite mußte der Eindruck entstehen: In USA und Japan sind die Vorsprünge minimal, wir können ruhig langsam machen.

Die bittere Folge: Sowohl bei den Schlüsselbausteinen der Revolution, bei den Mikrochips, als auch in vielen Bereichen der Anwendung – und hier spielt die Wachstumsmusik – ist eine teure Aufholjagd vonnöten. Wir haben große Marktanteile in neuen Produkten verschenkt.

Und wie bewerten Sie im Kontext des Wegverschweigens die japanischen Erfolge?

Japan ist in den siebziger Jahren als ernstzunehmender Wettbewerber meist bewußt kleingeredet worden. Früher war ja Weltwirtschaft eine amerikanische und europäische Dominanz. Dann haben die Japaner die deutsche Kameraindustrie fast beseitigt; die europäische Motorradindustrie an die Wand gespielt; die amerikanische Unterhaltungselektroin-

dustrie erobert, wo auch hierzulande die japanischen Erfolge bis in die inneren Komponenten deutscher Marken reichen. Aufgewacht sind wir erst richtig, als die Japaner sich anschickten, zehn Prozent des Automobilmarktes zu erobern. Die Bilanz: Ein Teil unserer Arbeitslosigkeit ist auf das anfängliche Verschweigen zurückzuführen, auf ein Klima, in dem viele Uniformierte die Umwälzungen zu spät merkten. Wir waren ja so geübt darin, Konkurrenten nicht ernst zu nehmen.

Dritte industrielle Revolution kontra Herrschaftswissen

Eine wesentliche Ressource der elektronischen Revolution ist die Revolution der Telekommunikation, die auch innerhalb der Betriebe vieles umstülpt und Umorganisationen erzwingt. So lassen sich wegen der engeren und effizienteren Verzahnung der Informationsflüsse Stufen der Hierarchie einsparen.

Für die Organisation großer Firmen gilt: Je mehr Hierarchiestufen, desto mehr Sand im Getriebe, da die Kommunikationswege länger und damit die Kommunikationsinhalte mit zunehmender Zahl der hierarchischen »Schaltstellen« in wachsendem Maße verfälscht weitergegeben werden und ankommen. Da im Mittelmanagement mehr als die Hälfte aller Mitarbeiter sich mit dem Sammeln, Aufbereiten und Weitergeben von Informationen beschäftigt, wird der Einsatz von Telekommunikation im Betrieb via Computer dazu führen, daß ganz sicher Hierarchiestufen wegfallen. Die Spitze kommt der Basis näher mit allen positiven Folgen für

Kommunikation, Motivation und Entscheidungsqualität und -geschwindigkeit. Gleichzeitig ermöglicht es der Computer, verrichtungsorientierte Arbeitsorganisationen aufzuheben und Arbeiten kundenorientiert, technologieorientiert oder produktorientiert zu integrieren. Damit schafft der Computer die Voraussetzung für die Dezentralisierung früher hierarchisch geordneter Großorganisationen. Auch dies mit der Folge größerer Problemnähe der Mitarbeiter, höherer Reaktionsgeschwindigkeiten und besserer Entscheidungsqualität sowie mehr Motivation und Leistungsbereitschaft. Die Flexibilität von Organisationen – erreichbar mit Hilfe moderner Informatik – wird zu einem entscheidenden Wettbewerbsvorteil am Absatzmarkt wie auch um die fähigsten Mitarbeiter. An der Spitze einer Hierarchie konzentriertes Herrschaftswissen als Informationsbasis und Verhaltensweise hat sich damit überlebt. Es widerspricht auch jeder modernen Technologieentwicklung, die nur aus der interdisziplinären Kommunikation vieler Wissender miteinander entstehen kann. Diese Erkenntnis war im übrigen auch einer der Grundgedanken für Perestroika in der UdSSR, die schließlich im weltweiten Technologiewettbewerb gezwungen ist mitzuhalten.

Mein Fazit eines Gesprächs über Managementtabus und ihre Folgen: Es gibt Dauereffekte in Unternehmen, die unterschätzt werden:
opportunes Verhalten, als zu handeln war;
Skrupellosigkeit als bloßes Machterhalten;
Routinisierung: Alte Methoden führen zu blinden Mechanismen.

Imageprobleme und ihre Folgen

Managementtabus und Führungsstil färben auf die Unternehmenskultur ab, wenn denn überhaupt etwas existiert, was den positiv besetzten Begriff Kultur verdient. Die innere Befindlichkeit eines Unternehmens und sein äußeres Ansehen sind nicht unbedingt kongruent, wiewohl voneinander abhängig. Wenn wie im Fall der Nummer 1 Größe, Einfluß, Wachstumsintensität und goldgeränderte Bilanzen Dominanz positionieren, treten Imageeffekte hinzu, die schleichend die Akzeptanz verschlechtern können, wie wir bereits im ersten Kapitel des Buches skizziert haben.

Alfred Herrhausens Anliegen war es ja, *die innere wie die äußere Kommunikation offener zu gestalten*, auch – was genauso wichtig ist – die institutionellen Voraussetzungen dafür zu schaffen, daß die Beschäftigten der Bank sich für die Gesellschaft engagieren konnten, etwa bei politischen Parteien. In einem Gespräch hierüber – Thema *Die Unter-uns-gesagt-Gesellschaft* – meinte er: »Auch dafür bleibt mir nicht genügend Zeit.«

Wenn vertrauliche Analysen über das Image ihrer Firmen nach draußen dringen, dann sehen dies die Führenden nicht gerne. Aber ist es nicht besser, daß davon auch die Mitarbeiter erfahren? Mir scheint es deshalb in ihrem Sinne zu sein, Auszüge einer Studie wiederzugeben, die im ›manager magazin‹ (6, 1989) publiziert wurde und die im Zusammenhang mit der Umorganisation erstellt worden ist. Herrhausen empfahl Offenheit und lebte sie auch; so ist eine offene Analyse auch in seinem Sinne.

»Innovationsresistenz in den Führungsstilen«

»*Kühl* und *affektlos* – so lauten die Merkmale, die vom Beschauer der Deutschen Bank zugeordnet werden. *Größe* und *Macht* gehören zu den Auslösern dieser Eindrücke. Größe und Macht erzeugen aber nicht zwangsläufig Distanz und Kühle. Jedoch begünstigen Macht und Größe negative Assoziationen beim Besucher. Die wichtigsten: Größe und Macht verlassen die gewohnten Kategorien, in denen der Beobachter denkt und urteilt. Es entsteht der Eindruck: Wer mit der Deutschen Bank umgeht, ist am besten selbst schon groß. Wie sollte sich der Große für die Kleinen interessieren? Die ›Perfektion‹, mit der ein großer Konzern agiert, verstärkt den distanzgebietenden Eindruck. Perfektion wird grundsätzlich als inhuman erlebt, solange es an Hinwendung zum durchschnittlichen Beobachter fehlt. Wer trotz Größe das menschliche Maß will, muß
    in überschaubaren Einheiten Sympathie holen,
    die Größe als Schutzmacht und Zuflucht (im Sinne
    der Fürsorge) deutlich machen...
Die Deutsche Bank hat bisher ein eher statisches Selbstverständnis. Bei hoher Flexibilität in den Geschäften entwickelt sie eine hohe *Innovationsresistenz in den Führungsstilen*. Es ergibt sich der Eindruck, als kompensierten die Mitarbeiter ihre geschäftliche Flexibilität durch unbewegliche Führungsstile.
Das Image der Bank unterliegt durch die Mitarbeiter einer besonderen Belastung. Jeder, der in die Bank eintritt, eignet sich als erstes das Eliteimage des Hauses an. *So wird eine generelle Vorstellung von Exzellenz im*

Hause quasi ausgebeutet und aufgezehrt. Das Image der Bank wird verbraucht und deformiert, weil jeder davon zehrt und keiner weiß oder keiner glaubt, daß ein Unternehmensimage konstruktiver Pflege durch alle bedarf. Grundregel: *Das Unternehmensimage kann nicht besser sein als die Unternehmenskultur...*
Daß die Bank hochqualifiziertes Personal hat, ist unbestritten. An den Arbeitsplätzen mischt sich Kompetenz für Bankgeschäfte mit dem beschriebenen ›geliehenen‹ Selbstbewußtsein. Es drängt sich folgender Eindruck auf: In der Deutschen Bank sitzt der Klassenprimus als Klasse. Jede normale Klasse erträgt aber, wie bekannt, nur einen Klassenprimus. Wohlverhalten und angepaßter Eifer als Mehrheitstugend werden zum Laster.

Stolz auf Macht, Größe und Perfektion

Der Stolz der Mitarbeiter auf das Haus hängt mit ›Macht‹, ›Größe‹, ›Perfektion‹ zusammen. Was diese Faktoren für Gelingen und Gefährdung der Unternehmenskultur bedeuten, formuliert Christian Scholz in der Zeitschrift ›Harvard manager‹ (1, 1988) so: ›Erfolgreichen Firmen fällt es grundsätzlich leichter, eine starke Unternehmenskultur aufzubauen. Ab einer von Fall zu Fall unterschiedlichen Grenze wirkt jedoch der Erfolg tendenziell negativ auf die Kultur. Der Glaube an die eigene Kraft und Unbesiegbarkeit kann zu einem selbstgerechten, oberflächlichen Umgang mit auftretenden Problemen führen. Flexibilität und Leistungsbereitschaft gehen zurück...‹

Das Pauschalimage von Macht, Noblesse, Unnahbarkeit und Perfektion verhindert nahezu die Differenzierung nach Leistung und Erfolg, Verbesserungsfähigkeit und Nachholbedarf. Ein genereller Dünkel bewirkt die Vernachlässigung von Details. Die Folge ist ein *Absinken der Einzelverantwortung bei vielen Mitarbeitern. Man verläßt sich blind auf die Belastbarkeit der Bank.*

Strategien gegen aufstiegsfähige Talente

Um sich dem Ansatzpunkt für Korrekturen zu nähern, muß man einzelne Bereiche der Bank ins Auge fassen. Das Prinzip der Dezentralisierung entspricht einem kalkulierten Risiko. Dies ist in der Dezentralisierungseuphorie der letzten zwanzig Jahre aus dem Blickfeld geraten. *Dezentralisierung erfordert hochqualifiziertes Personal und hocheffiziente Kontrollsysteme.* Dezentralisierung bedarf aber auch, wie sich in der Bank zeigt, zentralisierender Elemente, die Durchlässigkeit garantieren. In der Deutschen Bank hat die Dezentralisierung zu rigiden Subhierarchien geführt. In diesen Abteilungshierarchien schwinden die Nischen für Originalität und Pioniergeist.
Das mittlere Management hat Strategien zur Absicherung gegen aufstiegsfähige Talente entwickelt. Hier herrscht ein autoritärer Führungsstil, der durch spezielle Deutsche-Bank-Tugenden der Mitarbeiter verschleiert wird: *Anpassungsbereitschaft und Unterordnung gelten hier als Erfolgsgaranten für Nachrücker.*
Im mittleren Management hat die Aneignung von

Bankimage eine spezielle Variante. Sie lautet: *Understatement. Das vornehme Understatement ist eine raffinierte Form der Hybris.* Die gerne zitierte ›Bescheidenheit‹ der Deutsch-Banker mag eine Vätertugend gewesen sein, heute führt sie zu verhängnisvollen Mißverständnissen. Der Vorwurf der Arroganz trifft gerade diese noble Form eines antiquierten Selbstverständnisses.

Die abgeschotteten Kontakte

Das mittlere Management verfügt über Vertikalkontakte in den Vorstand der Bank. Solche Kontakte nach oben werden auf der Horizontale und nach unten restlos abgeschottet. Dies bedeutet: *Anregungen und Innovationen von Mitarbeitern können nicht oder nur sehr bedingt in die Vorstandskontakte einfließen.* Die Optimierung der Ergebnisse wird daher faktisch immer wieder in den Vorstand verlagert, wo sie oft mangels Detailkenntnis nicht geleistet werden kann.

Die Kooperationen verschiedener Begabungen werden in der Bank behindert. Das mittlere Management trägt eine hohe Verantwortung für die Förderung des Nachwuchses. Die Bank muß Strategien zur Kontrolle dieser Funktion entwickeln.

Die Kontrollkrise ist das programmierte Risiko der Dezentralisierung. Generell erfordern dezentrale Strukturen zentralisierende Gegenströmungen: Koordination, Planung, Kontrolle.

Die Gefahr der Bürokratisierung als Folge dieser Maßnahmen erfordert: Kooperation, Simplifikation (Reduktion von Komplexität), Selbstkontrolle. Der Ist-Zustand im mittleren Management ist vielfach gekennzeichnet durch: Belohnungen für konvergentes, systemkonformes Denken, Bestrafung von divergentem, innovativem Denken...«

»Strategische Aufbruchphase«

Der Autor fügt der Analyse hinzu, daß einige wichtige Erkenntnisse auch für andere Großbanken gelten. Doch haben deren Mitarbeiter nicht das Gefühl von Dominanz, Macht und Perfektion. Und es sei wiederholt: »Die Deutsche Bank verdient hauptsächlich an ihrem eigenen Vermögen. Sie wäre kaum besser als ihre vergleichbaren Wettbewerber, wenn sie nicht davon und von Sondergeschäften wie dem Flick-Deal profitieren würde.« Hilmar Kopper, der Nachfolger Herrhausens, betont denn auch in seiner ersten Pressekonferenz, die Ertragsstruktur müsse verbessert werden.

Die Studie rundet die genannten Gründe für die notwendige Umorganisation der Bank ab. Denn: Wie soll die Internationalisierung der Geschäfte gemanagt, wie sollen weitere teure Akquisitionen in aller Welt finanziert, wie Rückschläge verkraftet werden, wie Imageschädigungen, die durch wachsende Größe entstehen, in Grenzen gehalten werden! Zitieren wir Herrhausen, bei dem man nie dem Trugschluß unterlag, das Darzustellende mit dem Darstellenden zu verwechseln: »Der Unternehmensverbund Deutsche Bank befindet

sich gegenwärtig in einer strategischen Aufbruchphase. Dieser Prozeß findet seine Substanz in den Problemen, die auf unsere bankgeschäftliche Entwicklung einwirken und sie bestimmen, z. B.:
Globalisierung, Deregulierung und weltweite Konkurrenz,
kommunikationstechnologischer Fortschritt,
Europa 1992,
Perestroika und Glasnost etc.;
er findet seine Resonanz in der immer intensiver werdenden Anteilnahme der Öffentlichkeit an allen wichtigen Entscheidungen, die der Konzern trifft. Daneben werden alle Sachverhalte diskursiv begleitet, die unser Umfeld berühren und im Hinblick auf die wir Sach- und Entscheidungskompetenz besitzen, z. B.:
internationale Schuldenkrise,
Daimler/MBB,
Steuer- und Wirtschaftspolitik,
Währungs- und Konjunkturfragen,
Personal- und Führungsfragen im Umfeld unserer Aufsichtsratsmandate etc.

Demokratische Machtlegitimation

Alles dies wird im Hinblick auf unsere Größe und unseren Einfluß in vielen wirtschaftlichen Kontexten in Verbindung gebracht mit der Frage nach der demokratischen Machtlegitimation: Eine kritische Öffentlichkeit verlangt bei allem, was wir tun und sagen, zu Recht, daß die *Verantwortung* gegenüber der Allgemeinheit – die von Fall zu Fall unterschiedlich definiert wird – Beachtung findet. Eine dem Konzerninteresse dienende Berücksichtigung dieser aufgezeigten Sachverhalte setzt zweierlei voraus: erstens, daß wir sie bei unseren Entscheidungen und in unserem Verhalten mit in Rechnung stellen, *sie für unser Handeln bestimmend machen;* zweitens, daß wir dies in unseren Äußerungen nach innen und nach außen zum Ausdruck bringen, daß wir *konsistent kommunizieren.*

Beide Verpflichtungen wirken aufeinander zurück: Die Prüfung der Kommunizierbarkeit hat auch Einfluß auf den Entscheidungsinhalt und die Verhaltensweisen, ebenso wie diese den Grad der Kommunizierbarkeit bestimmen. Nur wenn beides einander stützt, sind zwei Ziele erreichbar, die für die weitere Entwicklung des Konzerns entscheidend Bedeutung besitzen:
1. Akzeptanz unseres Auftretens innen und außen.
2. Eine Unternehmenskultur, die dem ›Bild‹ der Deutschen Bank Charakter verleiht im Hinblick auf *Verantwortungsbewußtsein, Glaubwürdigkeit, Verläßlichkeit, Selbstvertrauen.*

Die immer komplexer werdenden Anforderungen an die Vermittlungskompetenz für eine solche Identität verlangen einen systematischen Ansatz für ihre ›administrative Betreuung‹. Unsere vielfältigen Entscheidungen, Verhaltensweisen und Kommunikationsformen innerhalb des Konzerns müssen miteinander in Einklang stehen, so daß ein diffuses Bild vermieden wird. Sie müssen dem Deutsche-Bank-Konzern in der öffentlichen und veröffentlichten Meinung ›Wertschätzung‹ einbringen, d. h. eine Grundeinstellung, die deshalb positiv ist, weil sie die Werte erkennt, für die wir uns einsetzen, und weil sie uns mit diesen Werten identifiziert.«

Was Herrhausen präzise an Herausforderungen und Zielkonflikten herausarbeitet, gilt grundsätzlich, besonders für große Organisationen: Je größer der Einfluß, desto schwieriger die Aufgabe. Im Falle der Deutschen Bank: *Nur außergewöhnliche Anstrengungen machen es in den Augen vieler erst möglich, Macht in moralischen Kredit umzumünzen.*

9. Kapitel

Muß Macht denn Sünde sein?

Keine Festung ist so stark, daß sie nicht mit Geld bezwungen werden kann.

Cicero

Alfred Herrhausen war nicht daran gelegen, das Bankwesen als Mysterium darzustellen. Seine Sensibilität signalisierte ihm, daß die Person des Bankiers erklärungsbedürftig ist. Wo die meisten seiner Zunft mehr zur Methode *Illuminierung* neigen, bevorzugte er die *Durchleuchtung*. Zum Leidwesen seiner Kollegen wagte Herrhausen schon als Jungbankier Vorträge über die Macht der Banken. Sind Bankiers »Raubtiere des Kapitals«, denen man es nicht so leicht anmerkt, weil sie sich »guter Tischsitten« befleißigen? Sind sie immer noch die geheimen Lenker der Nationen wie früher die Rothschilds und Barings? Für viele sind Bankiers unfaßbare Existenzen, die alleine schon deshalb im Zentrum der Macht gewähnt werden, weil man sich über die Rolle des Geldes nicht im klaren ist. Nicht nur in der modernen Kunst zählt besonders das, was nicht erklärt werden kann.

Kniffe und gewagte Geschäfte

Man denkt an seine drückenden oder an unerreichbare Kredite, liest mit Schaudern monströse Bilanzsummen, kritisiert die wachsenden Zins- und Zinseszinsmilliarden für die große Staatsverschuldung, die die Steuerzahler berappen müssen und die das Geldgewerbe kassiert. Und wie sind die Steuerparadieskniffe der Bankiers zu bewerten, wie oft mehr als gewagten Spekulationen an den Aktien-, Renten- und Devisenmärkten (»Ein moderner, korrekter Bandit im hellen Sonnenlicht der Börse«, schreibt Émile Zola in seinem Klassiker »Geld«), wie die Bubenstücke und Megaflops der Junk-Bond-Spekulanten, wie die diskreten Banken in Nachbarländern, die nicht nur korrupten Diktatoren und Mafiosi aus aller Welt Finanzzuflucht bieten, sondern auch bürgerlichen Kunden Schwarzgeldtransaktionen erlauben? Wer hat den großen Börsencrash im Oktober 1987 sowie die in immer kürzeren Abständen auftretenden kleinen Crashs auf dem Gewissen? Dies hat alles nichts mit Macht zu tun, sondern mit Mißbrauch und erbarmungslosem Konkurrenzkampf. In der Wahl der Mittel gelten in einzelnen Staaten sehr unterschiedliche Kriterien, gleichwohl färben sie aufeinander ab, auch wenn sie unseriös sind. Die Bankiers haben im Dienste ihrer Kunden immer ihre Mittel und Wege gefunden. Wer die oft fatale Fortschrittlichkeit nicht mitmacht, verliert Kunden an die Konkurrenten. Die Beobachter mutmaßen oft zu Recht, daß da auf den Finanzmärkten wieder ein gerissenes Ding abläuft.

Wer dies alles Revue passieren läßt, faßt selbst als Gutmeinender den Entschluß: *Den Geldverleihern muß auf die Finger geschaut werden.* Und den vielen, denen Geld nicht bar und spekulativ genug sein kann, gilt nicht unser Mitgefühl, wenn sie bei Finanzabenteuern ihren Skalp verlieren.

Ein üppiges Feld für Agitation

Imagefördernd sind die Kunstgriffe und Hasardspiele an den Finanzmärkten für das Geldgewerbe nicht. Wem an der ganzen Wahrheit nicht gelegen ist, dem bietet sich ein üppiges Feld für Agitation, immer nach der Devise: Erst kommt die Macht und dann erst die Moral. Geld hat seine eigene Logik, stinkt angeblich nicht. Mit dem Geld ist es wie mit der Liebe: Es lassen sich die positiven wie die negativen Seiten in den Mittelpunkt der Betrachtung rücken.

Der Redner, der in einer Versammlung von Investoren einen 1000-Mark-Schein hochhält, daran die großartige Funktion des Finanzkapitals für die Prosperität der Wirtschaft darstellt, kann des Beifalls ebenso sicher sein wie der Redner, der in einer Versammlung wirtschaftlich Ungebildeter die andere Seite des Tausenders exemplarisch vorzeigt und die Abhängigkeit der Welt vom Finanzkapital beklagt. Das Geheimnis der Agitation ist, sich so dumm zu stellen, wie es die Zuhörer sind.

Der Schriftsteller und Altkommunist Stefan Heym hat kurz nach der Schleifung der Berliner Mauer seine

Landsleute in der DDR gewarnt, sie dürften die Herrschaft der SED nicht gegen die Herrschaft von Daimler-Benz und der Deutschen Bank eintauschen, nicht die Macht Erich Honeckers gegen die von Alfred Herrhausen. Eine geschickte Agitation (für die er sich nach der Ermordung des Bankiers betroffen entschuldigte), denn gerade hatte die Republik eine hitzige Debatte über die Fusion Daimler-MBB und den wachsenden Einfluß der Deutschen Bank geführt. Geschickt auch deshalb, weil sie Macht einfach gleich Macht setzt, ohne zu relativieren, ohne deutlich zu machen, daß Bankenmacht nicht in großem Stil mißbraucht werden kann, solange der Wettbewerb funktioniert, die Öffentlichkeit kontrolliert. Hans Janberg, für den Alfred Herrhausen in den Vorstand nachrückte, merkt in seiner satirisch gehaltenen Schrift »Der Banker« über seinen Stand an: »Was dem Bankier fehlt, ist nicht Ansehen, sondern Popularität. Die notwendige Abhängigkeit bei Krediten usw. gibt Anstoß für den Ärger, daß an jeder Straßenecke, wo früher ein Pissoir war, heute die Niederlassung eines Geldinstituts ist.« Ein anderes, um Verständnis werbendes Buch trägt den vielsagenden Titel »Bankiers sind auch Menschen« (Frankfurter Bethmann-Bank, zum 225. Geburtstag des Instituts).
Früher verschanzte sich auch der Bankier hinter einem Regelwerk von Konventionen und meist Anstand. Diese Selbstsicherheit, durchsetzt mit Selbstgerechtigkeit, ist zwar nicht ganz aus der Mode gekommen, aber heutzutage wird hinterfragt, analysiert und gezweifelt. Herrhausen hat im ersten Teil des Buches der Einschätzung beigepflichtet, daß es heute schwieriger ist, als

ehrenwerter Mann zu gelten. Das große Geld kann den kaltschnäuzigen Anstrich schlecht abstreifen, was sich in Sprüchen wie »Banker sind knallhart« artikuliert.

Die Geldschöpfer

Wie kann dieser Eindruck entstehen? Natürlich durch die Macht des Geldhahn-Auf- und -Zudrehens. Für Arbeitnehmer von bedrohten Betrieben etwa sind Banken oft genug Schicksalsmächte. Ob eine solche Firma eine Überlebenschance bekommt oder wie viele Arbeitsplätze im Falle des Weiterbestehens gestrichen werden, entscheiden meist die Kreditinstitute. Genauso richtig ist: Das Kreditgewerbe verwaltet hauptsächlich das Geld der Einleger. Man muß den Geldhäusern ihre Gestaltungsmacht wohl lassen, zumal auch die Geschichte unserer Republik gezeigt hat: Das »Stirb und werde« von Firmen dient der Revitalisierung der Wirtschaft, ist also letztlich sozial. Wer diese Macht nicht akzeptieren will – und Mißbräuche sind in allen Freiheiten eingepuppt –, müßte, zu Ende gedacht, die Banken abschaffen. Und wer tritt an ihre Stelle? Andere Organisationen mit derselben Gestaltungsmacht! Es soll auch Zeitgenossen geben, die das Geld abschaffen wollen.
Genauso wichtig für die Mutmaßung, daß das Geldgewerbe zuviel Machtgewicht auf die Waage der Gesellschaft bringt, ist: Der entscheidende Unterschied zwischen Banken und gewerblicher Wirtschaft besteht darin, daß letztere nur in ihren Produkten denkt und

handelt, während die Banken mit Geld handeln und deshalb in allen Produkten denken, also ihre Entscheidungen nicht von den Schwächen einzelner Firmen abhängig machen wollen.

Zweifellos betreiben die Banken originär Geldschöpfung, können am Geldhahn drehen. Allerdings halten Industrie-, Versicherungs- und Handelskonzerne sich inzwischen eigene bankähnliche Systeme, entkernen dadurch den Einfluß des Kreditgewerbes immer mehr. Siemens-Finanzchef Karl-Hermann Baumann selbstbewußt: »Wir sind inzwischen von den Großbanken nicht mehr im geringsten abhängig, eher die von uns, denn wir können unsere Finanzgeschäfte ja auch im Ausland tätigen. Das sehen die nicht gerne; sie würden am liebsten mit uns die alten Geschäfte zu den höheren Konditionen machen, deshalb stimmen sie auch gerne in den Spruch über Siemens ein, daß wir eine Bank mit angegliedertem Elektronikkonzern sind.«

Das ordnungsbedürftige Geld

In Sachen Macht sind die Banken seit mehr als zwanzig Jahren in einer Art Verteidigungsstellung, vor allem die großen. »Wenn die immer wieder herunterspielen, daß sie Macht haben, und auf den Wettbewerb verweisen, dann ist das falsch, ja unseriös«, urteilt Alfred Härtl, lange Zeit Chef der Hessischen Landeszentralbank (Bundesbank). »Sie haben durch ihr Beziehungsgeflecht und ihre Informationsvorsprünge immer Macht, und große Banken haben große Macht. Herrhausen gehörte zu den wenigen, die dies zugeben. Eine ganz andere Frage ist, ob diese Macht beschnitten werden sollte und wie, was aber wegen der internationalen Verflechtung unserer Finanzsysteme sehr schwer zu beantworten ist. Es gibt nichts Ordnungsbedürftigeres als das Geld, hat ein Kollege gesagt, und er hat damit gemeint, daß notfalls auch dirigistische Maßnahmen in Kauf genommen werden müssen. Der Staat muß ja beispielsweise auch für die Energie- und Verkehrswirtschaft sowie für den Umweltschutz den Rahmen vorgeben.«

Beispiele für Machtausübung

Wie beurteilen Unternehmensführer den Einfluß der Banken? Meiner Erfahrung nach geben sie ihre Erkenntnisse – wenn es gilt, spezielle Beispiele für Machtausübung mit Roß und Reiter zu nennen – immer nur hinter vorgehaltener Hand weiter. Prinzipiell bilanziert: Der Einfluß ging ihnen lange Zeit generell zu weit, inzwischen hat die Abhängigkeit sich gelockert oder ist passé. Vier Beispiele, die für viele stehen:
Albrecht Matuschka, Gründer der inzwischen größten Vermögensverwaltungsgesellschaft außerhalb des Geldgewerbes, schildert eindrucksvoll, wie Deutsche-Bank-Vorstand Wilfried Guth abzublocken versuchte, als er und Siemens eine Venture-Capital-Initiative starteten. – Der langjährige Daimler-Vorstandsvorsitzende Joachim Zahn nahm kein Blatt vor den Mund, wenn er über den seiner Meinung nach zu weit gehenden Einfluß des Großaktionärs auf Management und Finanz-

gebaren berichtete. – Ein Freund, als Firmeninhaber vermögend, erzählt mir von einem Aufsichtsratsmitglied der AEG, das ihm in seiner Eigenschaft als Bankier schon ein dreiviertel Jahr vor der AEG-Pleite im Jahr 1982 rät: »AEG geht pleite, das stärkt den Konkurrenzkonzern, kaufen Sie jetzt deshalb dessen Aktien.« – Bei einem Empfang des Bundesverbandes der deutschen Industrie geht Kartellamtspräsident Wolfgang Kartte – der gerade für Maßnahmen gegen Bankenmacht plädiert hat – an unserer Gesprächsgruppe mit zwei Bankiers und VEBA-Chef Rudolf von Bennigsen-Foerder vorbei. Ich frage ihn: »Wie sehen Sie die Macht der Banken?« Seine trockene Antwort: »Darauf kann ich verzichten.« Hierzu paßt die Aussage des Hamburger Industriellen Kurt A. Körber, der seinen materiellen Erfolg stets vorbildlich als Verpflichtung für die Allgemeinheit einsetzte: »Mein Grundsatz war und ist, nie Schulden zu machen, zu keiner Zeit von Banken abhängig zu werden!«

In der Art eines Dichtermärchens

Diese Statements zeigen die Bandbreite zwischen Macht und Ohnmacht auf, vor Verallgemeinerungen sollte man deshalb auf der Hut sein. Doch auch Vorsicht bei jenen, die über Geldangelegenheiten in der Art eines Dichtermärchens plaudern und glauben machen, nur der Kunde sei König. *Im Kern wird immer Macht angestrebt oder Macht bewahrt, natürlich umkränzt mit der Qualität von Dienstleistung und Produkt.*

Ach ja, die liebe Kundschaft! Sie scheint am Renomee der Hausbank oft mehr interessiert zu sein als an eigenen Gewinnen. Denn wie anders ist wohl zu erklären, daß etwa die Kunden der Deutschen Bank zugelassen haben, daß ihr Geldhaus Riesenvermögen aufhäufen konnte! Da hätte man doch härter verhandeln können, um die eigenen Konditionen zu verbessern! Oder war es doch der Machthebel, der entscheidend eingesetzt werden konnte?
Haben eigentlich die Aktionäre aufgepaßt, die nach dem Bonmot des legendären Bankiers Fürstenberg »dumm und frech« sind – dumm, weil sie den Gesellschaften ihr Geld geben, und frech, weil sie dafür Dividende verlangen? Universalbank, wie großartig das Wort klingt, es umfaßt die ganze Welt in sich; dort Kunde zu sein schmeichelt. *Doch ist es gerade dieses System, das die Kumulation von Einfluß und Bankvermögen besonders begünstigt.* Wer schaut da schon durch?
Muß Macht denn Sünde sein? Alfred Herrhausen lacht ungezwungen, als ich den italienischen Ministerpräsidenten Giulio Andreotti zitiere: »Macht nutzt den ab, der sie nicht besitzt.« Herrhausens Kritiker aus der Branche verübeln ihm ja seit langem, daß er »die unbestreitbare Macht der Banken« betont, obwohl eigentlich auf diesem Gebiet nur die Nummer 1 in Betracht komme. Sie werfen ihm vor, daß schon das bloße Eingeständnis die Reformer in Politik, Wissenschaft und Journalismus auf den Plan rufe. Herrhausen hebt zwar stets gleichgewichtig hervor: »Die Machtstruktur in unserer demokratischen Gesellschaft ist durch die Banken nicht aus der Balance geraten«, doch werden nicht schlafende

Hunde geweckt – so seine Kritiker –, wenn er stets zwei Fragen stellt und eine Notwendigkeit in den Vordergrund rückt?

»Wer sorgt dafür, daß im dynamischen Prozeß der wirtschaftlichen und sozialen Entwicklung kein unzulässiger Machtaufbau erfolgt? Wie wird Mißbrauch von Machtpositionen verhindert? Ein gegebenes Machtgefüge ist nicht sakrosankt. Jede Machtposition – sei sie auch akzeptabel, begrenzt und gefährdet – kann mißbraucht werden. Gehen die Banken mit der ihnen jeweils zur Verfügung gestellten Macht denn wirklich verantwortungsbewußt um? Mit dieser zweifelnden Frage meldet sich eine sensible Öffentlichkeit zu Wort. *Sie ist zu Recht gestellt und sollte nicht verstummen.* Macht, auch Macht in der Wirtschaft, ist ein Phänomen, aus dem man Ethik und Moral nicht ausklammern kann. Deshalb ist eine kritische Öffentlichkeit als aufmerksamer Mahner willkommen.«

Wenn einer so redet, sorgt er sich um den guten Ruf seiner Branche, will er auch seinem Institut ein paar höhere Maßstäbe anempfehlen? Herrhausen bemühte sich redlich, durch sein Beispiel Widersprüche zwischen Macht und Moral zu verkleinern. In einem Gespräch mit der »Zeit«-Redakteurin Nina Grunenberg plagten ihn Zweifel, ob das gelingen könnte:

»Was mir die Journalisten nicht abnehmen, ist meine Motivation für dieses Leben. Ich werde als machtgierig, unermeßlich ehrgeizig, als kalt und arrogant beschrieben. Daß ein Mann wie ich nicht machtbesessen ist, ist offenbar nicht denkbar. Allenfalls möchte ich die Möglichkeit haben zu gestalten, und dazu braucht man natürlich ein gewisses Maß an Einfluß. Sonst geht das nicht. Mein Motiv ist das Bemühen, einen optimalen Sachbeitrag zu leisten. Das können sich die Journalisten offenbar gar nicht vorstellen.«

Vieles wird nach den Regeln der Deutschen Bank gespielt

Bevor wir das Thema weiterverfolgen, blenden wir noch mal ein: Die Deutsche Bank ist die bei weitem einflußreichste ökonomische Vereinigung in der Bundesrepublik. Indes ist der so gerne herausgekitzelte Vergleich, daß die Bilanzsumme höher sei als der ohnehin üppige Bundeshaushalt, nicht statthaft: In den Bilanzsummen werden die Einlagen der Kunden vorgewiesen, und die können jederzeit abgezogen werden. Verlöre die vielkritisierte *werteschaffende Gesellschaft* in kurzer Zeit nur ein Fünftel ihrer Kundeneinlagen, so kämen schwere Wetter über sie. Apropos Bundeshaushalt: Die Qualität einer Bank ist auch daran zu messen, ob sie nicht zuviel an den Staat – und das sind wir ja alle – ausleiht bzw. an andere Staaten. Denn es werden wohl Zeiten kommen, da schlagen die zu hohen Staatsschulden und die rapide wachsenden Zinsberge aufs Gemeinwohl zurück.

Zurück zur Macht der Banken. Wenn darüber politisch debattiert wird, geht es vor allem um *die Macht der einen Bank*. Die Konkurrenten mögen ihren Einfluß vom Gesetzgeber selbstverständlich nicht geschmälert sehen, gleichwohl murren sie unüberhörbar: »Vieles wird nach den Regeln der Nummer 1 gespielt, zu vieles.« Großmutter, warum hast du so große Zähne? fragt Rotkäppchen den verkleideten Wolf. Auch im Leben der Bankiers wirkt vieles so unwahrscheinlich, obwohl es wahr ist, daß man es am besten als Märchen erzählt. Viele Kunden sind eher das Rotkäppchen, gewiß nicht der so gern zitierte König, allenfalls der Froschkönig, den man zum Prinzen küssen kann, wenn man ihn prinzipiell kritisch stimmt. Andererseits: Der »Kunde internationalisiert sich, der Kunde globalisiert sich«, um mit Herrhausens Worten zu sprechen, woraus zweifellos abgeleitet werden muß, daß der relative Einfluß etwa eines Instituts wie der Deutschen Bank kleiner wird. Dies gilt natürlicherweise nur per saldo, nicht aber für die unübersehbar vielen Mosaiksteine des Machtgeflechts jeweils im einzelnen.

Unsere Bankiers illuminieren – von Ausnahmen wie Herrhausen abgesehen – gerne nur das besonders Positive der Bankenmacht, nämlich die betrieblich-volkswirtschaftliche *Gestaltungskraft*, besonders dann, wenn es gilt, Politiker an Veränderungen zu hindern, indem die öffentliche Meinung gewogen gestimmt werden soll. Es wird suggeriert, daß Politiker gerne nach Knallfröschen suchen, um auf sich aufmerksam zu machen. Es schimmert stets die angeblich reine Lehre durch: Wir sind die Marktwirtschaftler, leider haben bestimmte Volksvertreter die *Regulierungswut.*

Wie finden Sie das, was ein Bankenpräsident schreibt? »Wie Phönix, jener sagenhafte Vogel der Antike, der sich selbst verbrennt und wieder aus der Asche hervorgeht, so taucht die *Macht der Banken* immer wieder als Thema in der Öffentlichkeit auf. Und wie der Phönix verjüngt wiederersteht, so scheinen die Banken immer mächtiger aus der ›Asche‹ hervorzugehen. Obwohl der ›Machtzuwachs‹ eine permanente Erscheinung sein soll, ist die Kritik daran ein offenkundig zyklisches Problem. Sie kehrt fast regelmäßig in wirtschaftlich guten Zeiten wieder, um in schlechten Zeiten zu verstummen. Dies deutet darauf hin, daß selbst in den Augen der Kritiker die angebliche Macht auch positive Aspekte aufweist. Leistungsstarke Banken werden zum Beispiel gerne gesehen, wenn sie Unternehmen in wirtschaftlich schweren Zeiten helfen und damit Arbeitsplätze sichern... *Der Ursprung der Kritik dürfte vor allem im psychologischen Bereich zu suchen sein.* Die deutschen Banken werden als kompetent und leistungsstark angesehen. Dieses Image, wichtig für den Erfolg im Wettbewerb, ruft aber auch Skepsis und Mißtrauen hervor. Dies ist ein klassisches sozialpsychologisches Verhaltensmuster, mit dem jeder wirtschaftlich Erfolgreiche und Leistungsfähige leben muß. Objektive Fakten haben es vor diesem Hintergrund vergleichsweise schwer.«

Die Macht der kombinierten Kräfte

Aber, aber, Herr Präsident, man wird doch über die richtigen Wege in der Marktwirtschaft streiten können, über die richtige Machtbalance, über das Infragestellen tradierter Einflußstrukturen. *Natürlich ist Macht so not-*

wendig wie Besitz. Und Sie halten ja nichts von der Kumulationsthese, nach der die eigentliche Macht in der Addition wichtiger Einflußfaktoren besteht. Aber zuerst einmal ein paar Fragen – die übrigens auch Herrhausen in seinen Grundsatzreden ausließ –, bevor wir später mit dem so mühsam Konkreten fortfahren:

Insiderwissen und Informationsvorsprünge

Wie wichtig sind Ihnen die Informationsvorsprünge, die Sie und Ihre Kollegen in den Aufsichtsräten und auf den Finanzmärkten gewinnen?
Wie erklären Sie das Mysterium vieler Finanzoperationen an den Aktienmärkten, wo doch diejenigen am besten verdienen, die Insiderwissen haben? Und die Banken spekulieren doch auf eigene Rechnung kräftig mit; werden darüber ihre Privatkunden informiert? Gewiß, das Spekulieren ist für viele eine Lockspeise des Lebens. Aber wissen Anleger und selbst die heurigen Spekulationshasen konkret von den vielen Börsenheimlichkeiten, wozu bei Aktienemissionen auch gehört, daß zur »Marktpflege, sprich höhere Kurse«, ein Teil der Papiere in den Bestand der Bank und vielleicht von Anfang an in die Depots von Mitarbeitern geht? Nur Bankiers kennen sich im inzwischen unkontrollierbar schnell rotierenden Kreislauf von Kapital und Geld noch einigermaßen aus; übrigens eine echte Gefahr, auf die Kunden kaum hingewiesen werden.
Ist der Vorstand einer Bank wirklich in der Lage, bei

einer Kapitalgesellschaft, wo er kraft einer bestimmten Beteiligung oder einer besonderen Stellung an wichtigen Entscheidungen mitwirkt, die eigenen Interessen zurückzustellen?
Sollten Banken überhaupt Aktien der Firmen besitzen dürfen, bei denen sie in Aufsichts- und Verwaltungsräten sitzen? Kann es da keine Interessenkonflikte geben?
Warum sind hierzulande die Provisionen für Aktiengeschäfte verhältnismäßig hoch?
Warum wird im Kreditgewerbe immer mal wieder eine »konzertierte Aktion« zur Erhöhung der Kontengebühren usw. durchgeführt?
Warum ist der Spareckzins allgemein so erstaunlich niedrig, obwohl mit den vielen Leitzinserhöhungen der Bundesbank die Kreditzinsen ins Kraut geschossen sind? Wäre es möglich, daß »Mentalkartelle« existieren?
Warum mußte erst ein höchstrichterliches Urteil ergehen, damit die sogenannte Wertstellungspraxis bei eingehenden Zahlungen auf den Konten verkürzt wurde? Kreditzinsen werden doch sofort belastet!
Dies alles ist besonders intensiv im Universalbankensystem möglich, während etwa Ihre Konkurrenten, die das angelsächsische *Trennwandsystem* praktizieren müssen, nicht so leicht leben. Ganz nebenbei gesagt: Für einige der genannten Punkte wird man in anderen Staaten, wenn die Beweise reichen, hart bestraft.

Die hohe Regulierungsdichte

Bringen wir es auf einen kurzen Nenner: Nicht nur das Verhältnis zwischen Zinshöhe und Risiko ist das Herzstück der Kunst des Bankgeschäfts, sondern auch die Kumulation von Betätigungsmöglichkeiten, Funktionsausübungen und Informationsquellen. Weitere Beispiele hierfür:

> Auf den Hauptversammlungen der Aktiengesellschaften sind es die Banken, die wesentliche Stimmrechte für den eigenen Aktienbesitz wie für die Depotkunden ausüben, das sogenannte Depotstimmrecht.
> Der Kauf und Verkauf von Firmen und Firmenbeteiligungen können über Aufsichtsratsmandate sowie die Maklerposition beeinflußt werden.
> Die Großen der Branchen kontrollieren das Aktienemissionsgeschäft (auch den Zugang hierzu) und sind an den Anleiheemissionen der öffentlichen Hände beteiligt.
> Die Exportfinanzierung wird mitgestaltet.
> Die einzelnen Vorstandsmitglieder oder geschäftsführenden Gesellschafter der zehn bis fünfzehn größten Institute versammeln um ihre Führungstische jeweils mehr als vierzig Aufsichtsrats- und Verwaltungsratsmandate.

»Insgesamt ergibt sich eine hohe Regulierungsdichte, die ein Hindernis für die Entfaltung potentieller Konkurrenz darstellt«, stellt der Wissenschaftliche Beirat des Bundeswirtschaftsministeriums fest. Der Geldinstitutesektor ist übrigens durch die Bankenaufsicht teilweise reguliert; er gehört zu den Ausnahmebereichen des Gesetzes gegen Wettbewerbsbeschränkungen, das Kartellamt hat also kaum Einfluß.

Old Boys' Network

Zitieren wir aus einem Gutachten des Wissenschaftlichen Beirats des Bundeswirtschaftsministeriums zum Thema »Wettbewerbspolitik«, um die Analyse über das »Old Boys' Network« weiter zu präzisieren:
»Den Banken wird vielfach vorgeworfen, sie würden Industriebeteiligungen sowie das Instrument des Depotstimmrechts und ihre überragende Stellung als Kreditgeber nutzen, um die Konkurrenz zwischen den Unternehmen der Industrie und des Handels zu begrenzen, und sie würden als ›Geburtshelfer‹ von Fusionen durch Ausnutzung der durch Vorschriften des Gesetzes gegen Wettbewerbsbeschränkungen gegebenen Möglichkeiten nicht selten Wettbewerbsbeschränkungen fördern. Die Kumulation von Funktionen, die für das in Deutschland geltende Universalbankensystem typisch ist, insbesondere die Verbindung des Kreditgeschäfts mit der Funktion des ›investment banking‹, begründet Interessenkonflikte. Den Banken wird dementsprechend vorgeworfen, sie hätten wegen ihres Kreditgeschäftes nur ein begrenztes Interesse an der Beteiligungsfinanzierung durch Aktienemissionen. Der im Vergleich zu den USA und zu Japan unterentwickelte

Zustand des Marktes für Beteiligungsrechte in Deutschland wird unter anderem darauf zurückgeführt. Unstreitig ist der Tatbestand einer relativ geringen Bedeutung der Börse für die Unternehmensfinanzierung. Als Folge davon werden marktmäßige Reorganisationsprozesse der Industrie erschwert und der Zugang zum Kapitalmarkt für neue Konkurrenten behindert. Verantwortlich dafür ist aber nicht allein der im Universalbankensystem angelegte Interessenkonflikt zwischen Kredit- und Beteiligungsfinanzierung. Auch die Höhe der mit der Rechtsform der Aktiengesellschaft verbundenen Transaktionskosten – einschließlich steuerlicher Belastungen – und nicht zuletzt die an die Rechtsform der Aktiengesellschaft geknüpfte Mitbestimmung lassen viele Unternehmen zögern, sich dieser Rechtsform zu bedienen.

Unabhängig von den genannten Interessenkonflikten, die aus der Kombination von Kredit- und Emissionsgeschäft entstehen können, sind die besonderen Fragen, zu denen der Erwerb von Industriebeteiligungen durch Banken Anlaß gibt. Dieser Beteiligungserwerb wird von der geltenden Fusionskontrolle schon deshalb nicht wirksam kontrolliert, weil der Nachweis des Entstehens oder der Verstärkung marktbeherrschender Stellungen in diesen Fällen aus tatsächlichen Gründen nicht möglich ist. Den Banken dauerhafte Beteiligungen an Unternehmen zu erlauben ist vor allem deshalb bedenklich, weil sie infolge ihrer Rolle als Kreditgeber über einen eindeutigen Informationsvorsprung auf dem Markt für Unternehmen verfügen. Als Kreditgeber haben sie Einblick in die Vermögens- und Ertrags-

verhältnisse der Unternehmen und sind in der Lage, diese Kenntnisse für den Eigenerwerb von Beteiligungen oder Unternehmen zu nutzen. In der Mehrzahl der westlichen Industriestaaten gelten deshalb Schranken für die Beteiligung von Banken an Nichtbanken. Auch die Bundesrepublik sollte solche gesetzlichen Vorschriften einführen. Deshalb hat die ›Monopolkommission‹ (die dem Gesetz nach die Bundesregierung berät) wiederholt empfohlen:
›Kreditinstituten den Eigenerwerb von Anteilen an Nichtbanken zu untersagen, soweit mehr als 5% der Summe der Kapitalanteile erworben wird. Diese Regelung soll gelten für den Eigenerwerb von Banken an Nichtbanken, an denen bisher keine Beteiligung bestand, und von Anteilsrechten an Kapitalerhöhungen. Soweit Anteilsrechte erworben werden, die diese Grenze überschreiten, sollte das Stimmrecht ruhen. Ausnahmen von dieser Regelung kommen in Betracht bei Beteiligungen im banknahen Bereich sowie bei Beteiligungen, soweit sie zur Erfüllung von Bankfunktionen dienen (z.B. Sanierungen).‹«

Soweit Zitate aus den beiden Gutachten. Sind die Bankiers – zumindest die großen – also Spezialisten im Vorbeischauen an den Tatsachen, weil sie den Gesetzgeber fürchten? Die »Monopolkommission« hat in ihren beiden Hauptgutachten 1976 und 1978 gefordert, den Bankeneinfluß auf die übrige Wirtschaft einzuschränken. 1986 hat sie die unerfüllten Forderungen nochmals bekräftigt. Zitieren wir den damaligen Vorsitzenden Professor Dr. Erhard Kantzenbach:

»Die Gesellschaft hat viele Machtzentren, das ist keine Frage. Aber die Frage ist: Haben die Banken in dem gegenwärtigen institutionellen Rahmen nicht eine Macht, die größer ist, als sie sein müßte, damit sie ihre typischen Bankenfunktionen ausüben können? Mir scheint das der Fall zu sein. Niemand will die Banken auf Null bringen. Aber ihre Macht zu reduzieren wäre schon sinnvoll. Es geht vor allem um die Beteiligung an anderen Unternehmen. Auf der einen Seite sind die Banken Berater und Treuhänder für Kleinaktionäre, auf der anderen Seite sind sie als Käufer, als Anleger deren Konkurrenten. Das ist zwangsläufig ein Interessenkonflikt. Die Bank kann am Aktienkapital beteiligt sein, sie verfügt über das Vollmachtstimmrecht der Kleinaktionäre, die bei ihr ein Depot unterhalten, und sie ist als Hausbank Kreditgeber und Berater des Unternehmens. Deshalb ist die Einflußposition der Bank viel größer als die eines jeden anderen Aktionärs.

Wenn man das Problem des Vollmachtstimmrechts auf eine befriedigende Weise lösen könnte, hätte ich viel weniger einzuwenden gegen die Eigenbeteiligung der Banken an Nichtbanken. Aber nach Auffassung der Monopolkommission gibt es dafür keine befriedigende Lösung. Der Anteilsbesitz der Banken scheint uns deshalb derjenige Einflußfaktor zu sein, der sich ohne Schaden für die Kreditmärkte am ehesten reduzieren läßt. In den USA beispielsweise halten Kreditbanken überhaupt keinen Eigenbestand an Aktien.«

Der moralische Kredit

Wie gesagt, Macht ist erforderlich wie Besitz. Die entscheidende Frage lautet doch: *Muß es davon soviel sein?* Ausführungen wie über das »klassische sozialpsychologische Verhaltensmuster« werden von jenen, die das Spiel kennen, leicht amüsiert zur Kenntnis genommen. »Von nichts kommt nichts«, weiß auch der Volksmund, dem die »Macht der kombinierten Kräfte« ein Buch mit sieben Siegeln ist. Das Böse ist zwar nicht »immer und überall«, wie ein österreichischer Schlager persifliert. Doch – sagen wir es in der Sprache, die mit vielen Begriffen in unsere *banking community* Einzug gehalten hat –: »Profit is the name of the game.«
Bevor gefragt wird, was ich gegen gute Gewinne habe: nichts! Aber als Kunde will ich ihre Gewinne zu meinem eigenen Nutzen begrenzen. Unser Banken- und Steuersystem – bezogen auf die Besteuerung der Rücklagen – begünstigt die Akkumulation von Einfluß, *es hat also nichts mit Leistung zu tun.* Um meine Argumente auf eine ordnungspolitische Flasche zu ziehen: »Man kann anti*kapita*listisch argumentieren und doch Marktwirtschaftler sein« (Prof. Kurt Biedenkopf).
Muß der Grundsatz, daß »Macht leicht den verdirbt, der sie besitzt«, nicht oft ernster genommen werden, des moralischen Kredits wegen? Sagen wir es mit dem Schauspieler und Regisseur Woody Allen satirisch: »Geld ist besser als Armut, aber nur aus finanziellen Gründen.« – Ein Privatbankier, der vorher bei Großbanken gedient hat, sagt zum Thema »Ethik im Geschäft«: »Das Niveau ist heute besser als in den fünfziger

und sechziger Jahren. Das ist natürlich auch eine Frage der gesellschaftspolitischen Strömung. Vor zehn Jahren war Ethik kein Thema in der öffentlichen Diskussion.«

Auch das hat Herrhausen erkannt, als er sich wenigstens Mühe gab, Argumente zu meiden, die abgegriffenen Geldscheinen ähneln. »Ein gegebenes Machtgefüge ist nicht sakrosankt«, befand der Sprecher der Deutschen Bank – und: »Die Frage, ob die Banken mit der ihnen jeweils zur Verfügung gestellten Macht denn wirklich verantwortungsbewußt umgehen, ist zu Recht gestellt und sollte nicht verstummen; Ethik und Moral kann man nicht ausklammern.« Ist dies nicht prinzipieller und marktwirtschaftlicher gedacht, als Sie, Herr Präsident, und viele Ihrer Kollegen aussprechen, wenn Sie lediglich die zweifellos positiven Seiten des großen Einflusses herauskehren und schlankweg die andere Seite der Medaille verhüllt lassen?

Alfred Herrhausen hat bei einigen Gelegenheiten zu diesem ordnungspolitisch so wichtigen Thema Stellung genommen. Immer überwiegen dabei die Argumente für die glänzende Seite der Medaille, doch er akzeptiert auch die Kritik.

Unmut wird – wie er zu genau weiß – besonders bei den öffentlichen Diskussionen um das Universalbankensystem, die Verflechtung mit der Industrie, das Depotstimmrecht und die zahlreichen Aufsichtsratssitze der Bankiers laut.

Vertrauen ist eine Formel, die nach Alfred Herrhausen dazu dienen kann, Bedenken gegenüber zu großer Machtanhäufung aus dem Weg zu räumen. Allerdings grundsätzlich, so glaubt er, braucht Macht auch Gegenmacht. Dokumentieren wir in weiteren Details aus Herrhausens Dokumentationslinie:

»Kritik an der Bankenmacht setzt nach wie vor am sogenannten Depotstimmrecht an, hier im Prinzip als Adresse an alle Institute, denn sie alle sind unter den im Gesetz festgelegten Voraussetzungen auf Hauptversammlungen stimmberechtigt. Wer als Aktionär selbst stimmen will, ist sozusagen sein eigener Herr, oder er bleibt unvertreten. Die Vertretung eines Aktionärs durch uns bedarf der ausdrücklichen schriftlichen Vollmacht, sie kann für die einzelne Hauptversammlung mit genauen Weisungen über das Abstimmungsverhalten versehen werden.
Der Vorwurf unserer Kritiker zielt weiter. Sie sagen, daß alle die Stimmrechtsvollmacht beschränkenden Regelungen in der Praxis kaum Bedeutung erlangt hätten, weil der überwiegende Teil der Kleinaktionäre weder die Hauptversammlungen besuche noch von seinem Weisungsrecht Gebrauch mache. Diese Feststellung ist richtig. Aber wenn sie ein Vorwurf ist, so trifft sie nicht die Banken, sondern allenfalls die Kunden. Wir erklären seit Jahren: Wir ›kleben‹ nicht am Vollmachtsstimmrecht. Nur: Wenn man es abschafft, muß man etwas Besseres an seine Stelle setzen. Die Hauptversammlungen unserer Aktiengesellschaften würden von Zufallsmehrheiten beherrscht, wenn nur die jeweils erschienenen Aktionäre ihr Stimmrecht ausüben dürften, alle anderen hingegen unvertreten blieben.

Ein weiterer Sachverhalt, an dem der Vorwurf einer die Akzeptanz-Schwelle überschreitenden Bankenmacht festgemacht wird, sind ihre Industrie- und Handelsbeteiligungen. Vor allem die Großbanken sind hier die Kritisierten. Hinter den Beteiligungen, vor allem denen der Großbanken, vermutet man Einfluß bis hin zur Beherrschung großer Teile der deutschen Industrie. Nach neueren Schätzungen dürften die Banken heute insgesamt gut 10 Prozent des Aktienkapitals deutscher Gesellschaften haben (von jeweils wenigen Prozent bis zu Großbeteiligungen), also nur etwas weniger als die öffentliche Hand. Ausländische Anleger besitzen nahezu dreifach soviel an deutschen Aktiengesellschaften, wenn man den gesamten Aktienbesitz ausländischer Adressen rechnet.

Die zehn größten deutschen Banken haben ihre größeren Firmenbeteiligungen zwischen 1976 und 1986 (neuere Zahlen liegen nicht vor) von 129 auf 86 reduziert. Der Abbau betraf in 41 der 43 Fälle Beteiligungen, die über 25 Prozent gelegen hatten. Von einer Verschärfung der Machtkonzentration bei den Banken, wie sie die Monopolkommission in ihrem Bericht 1986 behauptet, kann also nicht die Rede sein.

Meinung ist, wir beherrschen die Industrie. Fragen Sie einmal Thyssen, Mannesmann, Siemens, Daimler, VEBA, RWE, BOSCH, Bayer, Hoechst, BASF, Allianz oder auch Nixdorf, C & A, Reemtsma, Haniel oder Quelle, Bertelsmann, Springer, Karstadt, Kaufhof und andere nach ihren Minderwertigkeitskomplexen den Banken gegenüber. Sie werden feststellen, daß es solche Komplexe und das Gefühl, beherrscht zu werden, nicht gibt.

Gleichwohl, dort, wo wir beteiligt sind, beteiligen wir uns natürlich am Geschehen. Banken betrachten ihr Engagement als Ertragsquelle. Sie wollen Gewinne sehen und Gewinne machen. Die Ertragsstabilisierung, die in guten Beteiligungen, insbesondere in Schachtelbeteiligungen liegt, bedeutet auch Aktionärsschutz und Einlegerschutz.«

»Und was ist an den Aufsichtsratssitzen der Bankiers auszusetzen? Der Komplex besitzt Aktualität seit 1965, als in der sogenannten ›Lex Abs‹ – Hermann Josef Abs saß vordem in 24 Aufsichtsräten – die Zahl der Mandate, die ein einzelner wahrnehmen darf, auf 10 beschränkt wurde. Vorstandsmitglieder und Direktoren der Deutschen Bank sind durch rund 400 Aufsichtsratsmandate an der Beratung kleiner, mittlerer, großer und größter Gesellschaften beteiligt. Ginge es nach den Wünschen der Wirtschaft, könnten es noch wesentlich mehr sein. Es ist nun einmal unser Beruf, in ökonomischen Fragen sachverständig zu sein, aus Entwicklungen zu lernen und sinnvolle Lösungen zu erarbeiten. Ich kann nichts Unvernünftiges und schon gar nichts Bedenkliches darin finden, in diesem Sinne des Wortes in fremden Gesellschaften ›berufstätig‹ zu werden, zumal die Banken keine Aufsichtsräte beherrschen, wie schon 1970 der Bericht der ›Mitbestimmungskommission‹ eindeutig festgestellt hat. Die Bankenvertreter gehören außerdem in aller Regel miteinander konkurrierenden Instituten an, stellen also keine ›gemeinsame Front‹ dar. Auch deshalb ist der Vorwurf ungerechtfertigter Macht ungerechtfertigt.

Die nüchterne Feststellung von Einflußpotential würde den Sachverhalt besser treffen. Dieses Potential wird aber, das muß man offen bekennen, in manchen Fällen verstärkt durch die übrigen Beziehungen, die die im Aufsichtsorgan vertretene Bank zu dem betreffenden Unternehmen unterhält. Abgesehen von einer denkbaren Beteiligung, die aus dem Eigentum heraus eine Berechtigung besonderer Art schafft, bilden natürlich Kredite, Emissionskonsortien, Hauptversammlungspräsenz und all die damit verbundenen Einblicke einen Rahmen geschäftlicher Verbindungen, der enger ist als üblich. Andererseits handelt es sich bei diesen Einblicken aber gerade um die Aufschlüsse, die man zur bestmöglichen Lösung finanzieller Probleme braucht.
Meines Erachtens widerlegt die Realität die Theorie von der zu großen Bankenmacht oder schränkt sie wesentlich ein. Und doch dringen wir nicht durch, doch bleibt ein Rest von Zweifel, Unbehagen und Abwehr selbst bei denen, die sich und ihre Meinung unvoreingenommen zu überprüfen bereit sind. Natürlich trifft es zu, daß Kreditinstitute an vielen Vorüberlegungen und Planungen bei Firmen teilnehmen. Und daß unser Potential für finanzielles Know-how zugleich ein Machtpotential bedeuten kann, streite ich nicht ab, aber es gilt in diesem Zusammenhang im Sinne der alten Wahrheit: Wissen ist Macht. Keine Zeit hat deshalb je auf Wissen verzichten wollen.
Die Bündeltheorie hat recht, wenn sie die Möglichkeiten zur Mitwirkung vermehrt sieht, sie geht fehl, wenn sie die Entscheidungsgewalt von den Unternehmen in die Banken verlagert.«

»Eine Bank sollte ihrerseits Vertrauen beweisen. Ihr Erfolg beruht ja auf der Stärke und Solidität ihrer Kunden. Und das in zunehmendem Maße in einer Umwelt, die sich ständig verändert und in der deshalb die Frage nach der Entwicklung von Strukturen noch wichtiger ist als die nach ihrem gegenwärtigen Gefüge. »Macht ist in einer demokratischen Gesellschaft ja nur dann akzeptabel, wenn sie wirksam in Grenzen gehalten wird. Der Staatseinfluß – Aufsichtsamt und Bundesbank verlangen regelmäßig eine Fülle von Nachweisen – ist zwar ein notwendiges, aber nicht ein hinreichendes Regulativ. – Der Wettbewerb ist ein unverzichtbarer Bestandteil der Marktwirtschaft. Die Konkurrenz im deutschen Kreditgewerbe ist heute härter als in vielen anderen Branchen und in den meisten anderen Ländern. Viele schwierige Probleme können durch schwache und ohnmächtige Banken nicht gelöst werden. Doch ist auch der ständige Appell an unsere Verhaltensmoral richtig. Dazu ist mir eine kritische Öffentlichkeit als ständiger Mahner sehr willkommen.«

Eigentum verpflichtet

Es gebietet die Fairneß gegenüber einem fairen Mann, seine Sicht zu den wesentlichen Kritikpunkten an der Bankenmacht zu dokumentieren, selbst dann, wenn er die weiter vorne gestellten kritischen Fragen nie beantwortet oder nur gestreift hat. Das Denken in der Kategorie »Schurke im Stück« ist auf keinen Fall akzeptabel, auch wenn sie durch die ständige Berieselung mit Bubenstücken wie »Dallas«, »Denver« und anderen Hervorbringungen ins Unterbewußtsein vieler gepreßt wird. Vieles ist auch im Leben der Banker nur Komödie, wie Herrhausen indirekt anhand des *Fassadismus* von Auftreten und Sprache angesprochen hat. Und übersehen wir nicht eine meines Erachtens problematische Tendenz: Die Effizienz gilt meist nur noch als einziger Maßstab, da kommt der Anstand schnell unter die Räder.

Nicht selten sind es ja auch reiche Kunden der Banken, denen auf Kosten anderer zu weiterem Reichtum verholfen wird, ohne dabei im Auge zu behalten, daß *Eigentum laut Grundgesetzauftrag verpflichtet*. Was ich meine? Hätte beispielsweise Friedrich Karl Flick nicht wenigstens anempfohlen werden müssen, von seinen Milliardeneinnahmen beim Verkauf der Flick-Gruppe einen guten Teil an die Beschäftigten abzugeben, die doch den Reichtum mitgeschaffen haben? Verpflichtet denn Eigentum zu nichts? Vermögensbeteiligung ist meines Erachtens ein unverzichtbarer Bestandteil der sozialen Marktwirtschaft; übrigens wurde Ludwig Erhard auch hier in seinen Plänen von der Lobby zu Fall gebracht.

Herrhausen war das Flick-Thema nicht angenehm, wenn man mit ihm darüber diskutierte. Er sprach von einer Unterlassungssünde, die man wenigstens zu mildern versuchte, indem die Mitarbeiter der Deutschen Bank am eigenen guten Ertrag des Geschäftes beteiligt wurden. Viele der Unternehmer, die heutzutage ihre Firmen mit Hilfe der Banken verkaufen, sind Wirtschaftswunderkinder, die glauben, daß ihr »Besitz« ausschließlich ihnen zustehe. Ihre Sozialverpflichtung beschränkt sich auf die Entlohnung und die Sicherung der Arbeitsplätze – und hier sind auch oft Zweifel angebracht. Daß Firmen eine »gesellschaftliche Veranstaltung« (AEG-Chef Heinz Dürr) sind, will ihnen nicht in ihr Weltbild passen.

Wechseln wir von der Bankenmacht generell wieder zur Nummer 1 der Nation, die die Aura der pekuniären Weisheit zu verbreiten versteht, dabei den Eindruck erweckt, daß sie ständig unter der kalten Dusche der Ökonomierationalität steht. Besichtigen wir in weiteren Details das 360 Grad umspannende Panorama des Einflusses einer *Vereinigung* auf vieles, was Rang oder Schulden, oft auch beides hat.

Für die Deutsche Bank ist nichts mehr, was sie neu anpackt, ein Glücksspiel dank ihrer satten Rücklagen und feinen Beteiligungen. Deren fester Grundstock ist auch mit Hilfe der sagenhaft vielen Mandate des legendären Hermann Josef Abs schon aufgebaut gewesen, als dieser vierzehn davon abtreten mußte. Die Gestaltungsmacht ist nie geschmälert worden – Wettbewerb hin, Internationalisierung her –, dafür sorgen schon die neu erschlossenen Geschäftsbereiche. In den schönen Bürotürmen in Frankfurt plagt niemanden die Furcht vor dem plötzlichen Tritt in den Hintern durch die wache Konkurrenz. Der Einfluß reicht bis ins Verbandswesen, so daß sich vor Jahren ein frischgewählter Präsident des Bankenverbandes die Bemerkung nicht verkneifen mochte: »Wir sind der ›Bundesverband deutscher Banken‹ und nicht der Bundesverband der Deutschen Bank.«

»Wie Gott in Frankfurt«

Hans Otto Eglau beschreibt in seinem Buch »Wie Gott in Frankfurt« (1989, ECON Verlag) die Geschichte der Bank, wie sie sich in den Industriebeziehungen entwikkelte und spiegelt. Er skizziert kenntnisreich viele Details: wie aus einem kleinen, zudem abhängigen Spezialinstitut für Außenhandelsfinanzierung innerhalb nur weniger Jahrzehnte (vor und in der Weimarer Republik bis ins »Dritte Reich«) Deutschlands führende Großbank werden konnte; wie sie sich von Anfang an in den Dienst der am Beginn ihrer Entwicklung stehenden Zukunftsbranchen – vor allem der elektrotechnischen und chemischen Industrie – stellte; wie im Laufe von Generationen ein finanzielles und persönliches Beziehungsgeflecht geknüpft wurde, eine Interessen-Clearing-Stelle bis in diese Tage entstanden ist. Eglau fragt: »Welch zivilisiertere und zugleich wirkungsvollere Form der Machtausübung gibt es als die, sich Menschen gewogen zu machen? Oder in den Worten eines Managers: Es lohnt sich nicht, sich ohne triftigen Grund mit der größten deutschen Bank anzulegen.«
Der Autor nennt Beispiele wie diese: »Vermutlich würden es sich Vorstände von Karstadt und Horten mit ihren Großaktionären Deutsche Bank und Commerzbank dreimal überlegen, bevor sie ihren Aufsichtsräten ausgerechnet den Einstieg ins Geschäft mit Finanzdienstleistungen vorschlügen – in den USA ein durchaus üblicher Geschäftszweig einiger führender Handelsunternehmen.« Übrigens ist dieser Versuch von den Kaufhof-Managern gewagt worden, als der Bankenein-

fluß durch Besitzerwechsel passé war; doch andere Aufsichtsratsmitglieder – den Banken verbunden – blokkierten jahrelang das Vorhaben, bevor man an den Start gehen konnte.

Das Netz des Nehmens und Gebens

Wer Kostgänger des Gedankens sein sollte, daß jemand gerne freiwillig Einfluß aufgibt, darf sich durch Herrhausens Offenheit nicht in seiner Meinung bestätigt fühlen. Es gilt das Prinzip: *Wer die größte Macht hat, ist der Sieger hier.* Wie hilfreich ist es für die *Union der festen Hand* – in Hunderten Millionen DM gerechnet –, daß sie rund 400 Mandate in deutschen Aktiengesellschaften innehat, etwa 160 mehr als Mitte der siebziger Jahre. Müssen da die Konkurrenten sich an vielen Geschäftsfronten nicht wund stoßen? Hinzu kommen, wie Hans Otto Eglau beschreibt, viele nicht einmal immer ausgewiesene Sitze in Firmenbeiräten, Gesellschafterausschüssen, Stiftungskuratorien sowie ausländischen Gesellschaften – grob geschätzt noch einmal 170 Einflußpositionen.

»Wie der Vorstand auf höchster Ebene die Verbindungen zur Eliteklasse der Wirtschaft pflegt, so verfügt auch jede der 14 Hauptfilialen über ihren eigenen regionalen Freundeskreis. Die meisten der einem der Regionalbeiräte angehörenden Inhaber oder Chefmanager überwiegend mittelständischer Firmen betrachten es als Ehre, in jedem Fall jedoch als geschäftlich hilfreich, alljährlich im Geschäftsbericht der angesehensten deut-

schen Bank namentlich aufgeführt zu werden. Für die Geldmanager sind die Regionalbeiräte mit ihren insgesamt 634 Mitgliedern (1988) ein hervorragendes Instrument, um die Verbindungen zu ihren wichtigsten Firmenkunden zu pflegen. Über die ›Schiene Eitelkeit‹ (so ein Beiratsmitglied) wecken die Bankiers vor allem bei Mittelständlern das Gefühl, wie in ihrem Rotary Club einem elitären Zirkel anzugehören ...
Auf diese Weise entsteht über das rein geschäftliche Aktionsfeld hinaus ein kaum noch überschaubares Netz von Beziehungen und Verflechtungen. Die meisten derer, die in ihm einen Platz haben, sind in irgendeiner Weise Gebende und Nehmende zugleich, sind vielen verpflichtet, wie ihnen ihrerseits viele verpflichtet sind. In einem solchen auf Leistung und Gegenleistung aufgebauten System, das mit zunehmender Perfektion immer mehr Distanz abbaut und Abhängigkeiten schafft, ist schließlich niemand mehr frei. Sicherlich ›beherrscht‹ die Deutsche Bank im strengen Sinne des Wortes dieses System nicht.«
Hans Otto Eglau zitiert – bezogen auf das Beziehungsgeflecht der deutschen Finanz- und Industrieelite – den von Aktionärstreffen zu Aktionärstreffen eilenden Berufsopponenten – Lobreden eingeschlossen – Kurt Fiebich, der sich an das Märchen vom Hasen und dem Igel erinnert fühlt: »In jeder Hauptversammlung trifft man auf die gleichen Gesichter, von denen man weiß, daß sie sich gegenseitig zu Amt und Würden helfen.«
Die Quintessenz: Für dieses Netz des Nehmens und Gebens zelebriert man in Köln, wo Herrhausen studiert hat, das plastische Wort »Klüngel«. Schöner gesagt: Wir

kennen uns – wir helfen uns. Wer mit dem Vitamin B – sprich Beziehungen – so reichlich gesegnet ist wie die Deutsche Bank, kann Geschäfte bevorzugen, bei denen keine lockeren Ziegel vom Dach fallen. Ergo müssen die anderen häufiger die weniger gewinnreichen oder risikoträchtigeren Abschlüsse tätigen.

Wiederholen wir zum Schluß des Kapitels die Titelfrage: Muß Macht denn Sünde sein? Im Prinzip wohl nein, wenn sie denn verantwortungsbewußt eingesetzt wird. Aber, dreimal aber: Läßt sich die gute Absicht wirklich tagtäglich durchhalten? Das ganze Ausmaß der beschriebenen Macht muß ordnungspolitisch gesehen problematisch sein. Gelegenheit macht bekanntlich Sünder.

Auf jeden Fall gilt: Je größer der Einfluß, desto schwerer ist der *moralische Kredit* zu erringen. Herrhausen hatte als einziger Großbankier das Naheliegende erfaßt, daß nämlich der Geldschatten stärker wirkt als der volkswirtschaftliche Nutzen einer Großbank: »Wir müssen das, was wir denken, auch sagen. Wir müssen das, was wir sagen, auch tun. Und wir müssen das, was wir tun, dann auch sein!«

Lebensstationen

An Alfred Herrhausens Lebensende bleibt Herausragendes: Er war ein Einfallsreicher, ein Vorausdenker, der gesellschaftliches Engagement und Mut bewies, sich dabei an die Wahrheit hielt; er war das Gegenteil eines an die Bankmaschinerie Angepaßten. Wie wichtig *political animals* außerhalb der politischen Parteien für die *res publica* sind, mag sein Beispiel beweisen. Gegen die *Unter-uns-gesagt-Gesellschaft* anzutreten wird zu oft als nicht wichtig erkannt. Was ist das gute Funktionieren eines Geldhauses gegen gesellschaftspolitische Prinzipien!
Eine Rede, die Alfred Herrhausen Anfang Dezember 1989 in New York halten wollte, trägt den Titel »Um Freiheit und Offenheit«. Bevor wir bewußt kurz seine Lebensstationen und Funktionen aufzeigen, sollen zuvor die Schlußpassagen des Vortrages, die wie ein Vermächtnis wirken, für sich sprechen.

»Wie soll der Westen einschließlich der Bundesrepublik auf die Veränderungen in Osteuropa reagieren? Ich meine, wir sollten uns darüber einig sein, daß der Erfolg der Perestroika auch im Interesse des Westens

liegt. Sie wird die Erde zu einem friedvollen Planeten machen. Sie wird Mittel, die in der Rüstung gebunden sind, freisetzen und für nützlichere, friedliche Zwecke wie Umweltpolitik und Entwicklungshilfe verwendbar machen. Darum sollte der Westen den östlichen Reformprozeß unterstützen ...
Freiheit – und Offenheit, die damit einhergeht – wird uns nicht geschenkt. Die Menschen müssen darum kämpfen, immer wieder. Solidarność in Danzig, die Bürger von Budapest und Prag, die friedlichen Demonstranten in den Straßen von Leipzig verdanken ihre Siege über den mächtigen Gegner dem Willen und der Entschlossenheit, die aus der Sehnsucht nach Freiheit und Wohlstand erwachsen, der gleichen Sehnsucht, die Generationen von Europäern zum Aufbruch in die Neue Welt getrieben hat, dorthin, wo das legitime ›Streben nach dem Glück‹ als fundamentales Menschenrecht in die Unabhängigkeitserklärung geschrieben wurde. Hoffen wir, daß ihrem Streben nach einer funktionierenden Demokratie Erfolg beschieden ist; laßt uns ihnen dabei helfen, so gut wir können.
Die Geschichte ist noch nicht zu Ende. Im Gegenteil: Ich glaube, daß eine ganz bedeutende Phase der Menschheitsgeschichte gerade beginnt. Noch stehen sich Militärblöcke gegenüber, noch denken wir in den alten Kategorien von Machtinteressen, noch verteidigen wir Einflußsphären, spionieren einander aus und stecken Milliarden und aber Milliarden in die Rüstung. Und doch: Ist es so illusionär zu meinen, daß die neue Geschichte, die wir jetzt zu schreiben haben, auf ein ganz anderes Zielkonzept hin ausgelegt ist, nämlich

darauf, statt gegeneinander zu kämpfen oder sich zu bedrohen, im Rahmen der internationalen Zuständigkeiten und der internationalen Kooperationen miteinander dafür zu arbeiten, daß die wirklichen Probleme dieses Globus überwunden werden – die Nord-Süd-Problematik, die internationale Schuldenkrise, Terrorismus und Kriminalität, das Drogenproblem, Aids, die drohende Überbevölkerung und die mögliche ökologische Katastrophe?«

Alfred Herrhausen ist am 30. Januar 1930 zusammen mit seiner Zwillingsschwester geboren worden. Seine Mutter lebt noch, sein Vater war Vermessungstechniker bei der Ruhrgas AG in Essen. Die erste Ehe des Katholiken wurde geschieden. 1977 heiratete er seine zweite Frau, eine österreichische Ärztin. Aus beiden Ehen gingen zwei Töchter hervor.

Wenn Herrhausen nach einem Vorbild gefragt wurde, dann nannte er seinen Vater als »eine Art Orientierungspunkt: Er war geradlinig, offen und ehrlich, einfach, fleißig und lebensfroh; ihm verdanke ich Lebensregeln, die mir oft geholfen haben.« Von seinem Vater überlieferte der Sohn die Karriereregel: »Wie ich dich einschätze, bist du mindestens durchschnittlich intelligent, und wenn du jeden Tag eine Stunde mehr arbeitest als deine Konkurrenten, dann muß es klappen.« Des Sohnes Schlußfolgerung: »Ich bin davon überzeugt gewesen, daß die Kombination von Intelligenz und Fleiß ausreicht, um nach oben durchzustoßen.«

Er war »kleiner Leute« Kind, wie man so sagt, lernte in der Zeit des Krieges und der Nachkriegszeit Mangel

und Entbehrungen kennen; die zerbombten Städte und die Hoffnungslosigkeit damaliger Zeit hob Herrhausen in Diskussionen hervor, sooft es ging, weil er daran erinnern wollte, was es zu verteidigen und zu bewahren gilt. Der geborene Essener bezeichnete sich gerne als »Kind des Ruhrgebiets«. Dort fühlte er sich zu Hause. »Ich mag die Menschen, ich verstehe ihre Sprache, ihre Verhaltensweise, ich schätze ihre Geradlinigkeit, Unverkrampftheit, Direktheit, Offenheit.«
Nach der Schulzeit strebte er in Köln ein Studium der Philosophie an mit der Absicht, Lehrer zu werden. Aber er erreichte keinen Studienplatz, entschied sich zum Studium der Wirtschaftswissenschaften. Weil er ein guter Sportler war – Hockey und Fußball, später fuhr er Ski und Rennrad –, verhalf ihm das Sportbüro der Alma mater zur schnellen Immatrikulation. »So bin ich Wirtschaftler geworden, was ich damals nicht wollte, aber dann hat es mich sehr interessiert.« Um sein Studiengeld aufzufrischen, arbeitete er zeitweise als Bergmann. Bei den Professoren Wessels und Weisser schrieb er 1952 seine Arbeit als Diplomkaufmann bzw. 1955 seine Doktorarbeit zum Dr. rer. pol. Die Dissertation hat den »Grenznutzen als Bestandteil des Marginalprinzips« zum Thema. Zwischendurch gelang es ihm mit Hilfe des Vaters, Direktionsassistent in der Hauptverwaltung der Ruhrgas AG in Essen zu werden.
Der Vater seiner ersten Frau, die er während des Studiums in Köln kennenlernte, zählte zu den Spitzenmanagern der Vereinigten Elektrizitätswerke AG (VEW) in Dortmund. Dorthin wechselte Herrhausen 1955, bekam mit 29 Jahren Prokura. Zur Fortbildung wurde er

für ein Jahr in die USA zu der mittleren Großbank Empire Trust Company abgeordnet. 1967 Berufung in den VEW-Vorstand als Chef des Finanzressorts. In dieser Zeit unterrichtete er an der »Sozialakademie«, der Gewerkschaftshochschule in Dortmund.

Friedrich Wilhelm Christians, damals erst ein paar Jahre lang Vorstand der Deutschen Bank und VEW-Aufsichtsratsmitglied, dem Herrhausens Beteiligung an der VEW-Teilprivatisierung imponiert hatte, gelang es, im Vorstand seiner Bank den »Seiteneinsteiger« durchzusetzen. Bereits 1970, nach gut einem »Lehrjahr«, wurde der Jungbankier zum stellvertretenden Vorstandsmitglied bestellt und wieder innerhalb kurzer Zeit 1971 – üblich sind drei Jahre »Warteschleife« – zum ordentlichen Vorstand. Er war verantwortlich für das internationale Geschäft in Nord- und Südamerika, Australien, Neuseeland und Südafrika, das damals noch unterentwickelt war, sowie für die Außenhandelsfinanzierung der Bank und volkswirtschaftliche Fragen; außerdem betreute er den Filialbereich Essen. 1971 holte er sich gegen mancherlei Widerstände aus dem Kollegenkreis beim Vorstandssprecher Franz Heinrich Ulrich die Zustimmung zum Aufbau einer »strategischen Planung«. Als Dienstjüngster hatte er bei Vorstandssitzungen die Protokolle zu schreiben.

Je länger man dem Vorstand angehört, desto mehr Aufsichtsratssitze fallen einem zu. Herrhausen begann seine Bewährungsproben bei den sanierungsreifen Stollwerck AG und Continental AG, später rückte er in viele andere einflußreiche Positionen. 1979 wäre er gerne als Nachfolger von Joachim Zahn Daimler-Benz-

Vorstandsvorsitzender geworden: »Immerhin ist Daimler-Benz das größte Investment der Deutschen Bank. Da hätte ich etwas gestalten können. Damit wäre das auch im Interesse der Deutschen Bank gewesen.« Doch die Regelungsbevollmächtigten ließen ihn nicht an diese Spitze. Neun Jahre später setzte Herrhausen den Favoriten schon von Joachim Zahn, das SPD-Mitglied Edzard Reuter, durch, revidierte damit die Entscheidung seines Vorgängers als Aufsichtsratsvorsitzender, Wilfried Guth.
Bereits früh strebte der Bankier »politische« Ämter an. Der Bundesfinanzminister berief Herrhausen als Mitglied der Studienkommission »Grundsatzfragen der Kreditwirtschaft« (»Bankenstruktur-Kommission«), deren Auftrag es ist, die Struktur der deutschen Kreditwirtschaft zu prüfen und Vorschläge zur Verbesserung des Kreditwesens zu erarbeiten. Auslöser war die Herstatt-Pleite. Die Novellierung des Kreditwesengesetzes basiert wesentlich auf der Arbeit dieser Kommission. – Später beauftragte die Bundesregierung ihn, zusammen mit zwei weiteren »Stahlmoderatoren« ein Konzept zur Neuordnung der deutschen Stahlindustrie zu erarbeiten; der Plan führte nicht zum Erfolg. – Er gehörte zu den Initiatoren des »Initiativkreis Ruhrgebiet«. – Er war einer der Mitbegründer des »Aktienkomitees für Europa«, eine Vereinigung einflußreicher europäischer Industrieller, die den europäischen Integrationsprozeß unterstützen. – Er war Mitglied des Direktoriums der ersten deutschen Privatuniversität Witten-Herdecke.
1985 wurde Herrhausen zu einem der beiden Sprecher

des Vorstandes gewählt. Er übte das Amt zusammen mit F. W. Christians aus.
Am 11. Mai 1988 wurde er alleiniger Sprecher.
Am 30. Novemer 1989 wurde Alfred Herrhausen von Terroristen ermordet, zwei Monate vor seinem sechzigsten Geburtstag.
Man sagt es so leicht hin, daß jeder ersetzbar ist.
Jakob Nix, fast zwanzig Jahre lang Fahrer des Bankiers, der schwerverletzt das Attentat überlebte, sagt: »Ein Stück von mir ist weggegangen. Es war ein sehr enges, menschlich ungezwungenes, ja freundschaftliches Verhältnis – nicht nur mit Dr. Herrhausen selbst, sondern auch mit der ganzen Familie.«

Postskriptum

Meinen Gesprächspartnern sei herzlich gedankt, auch den Kollegen, die angeregt und Zitate aus Veröffentlichungen ermöglicht haben. Mit Alfred Herrhausen war mündlich vereinbart, zwei bis drei seiner Vorträge zu den Themen Medien und Unternehmer, Gesellschaftspolitik und Ethik sowie Weltökonomie zu veröffentlichen. Diese hätten weiteren Einblick in sein Denken und Wirken vermittelt. Leider hat der Rechteinhaber den Abdruck nicht genehmigt, weil ein Buch mit den Reden Alfred Herrhausens geplant ist.

Heinz Commer

Stil

Selbstdarstellung, Ambiente und Lifestyle:
Eine Orientierung für den Wertewandel

240 Seiten, gebunden, mit Schutzumschlag

Heinz Commer, der durch seine Erfolgstitel »Managerknigge« und »Knigge International« schon den Stil der achtziger Jahre entscheidend mitprägte, widmet sich hier dem Thema Stil. In einer Epoche größter Veränderungen ist unser Lebensstil, der Rahmen und Inhalt unseres gesamten Daseins bestimmt, häufigem Wandel unterworfen. Deshalb ist es besonders bedauerlich, daß über diesen Begriff eine heillose Sprach- und Begriffsverwirrung besteht. Um so erfreulicher ist es also, wenn Heinz Commer ebenso gründlich wie praxisnah der gesamten Problematik nachgeht und grundlegende Werte zu vermitteln versucht, die in ihren Auswirkungen Konflikte vermeiden und abbauen und unser Leben angenehmer – und stilvoller – machen können.
Commer schreibt über Grundsätzliches (Stil – unser Lebensrahmen und -inhalt, Standortbestimmung, Politischer Stil) und Praktisches (Stil im Berufsleben, Praktische Orientierungen: eine Checkliste, ausländische Lebensstile). Von grundsätzlichen Problemen des generellen Miteinanders zwischen den Geschlechtern, den Generationen und sozialen Partnern bis hin zu im Alltag manchmal kniffligen Detailfragen wie beispielsweise Anreden, Tischordnung und Gastgeschenken spannt sich der breite Bogen dieser immer anregenden, oft nachdenklich stimmenden, meist aber auch amüsanten Lektüre für alle, die sich durch Stil auszeichnen wollen.

ECON Verlag · Postfach 30 03 21 · 4000 Düsseldorf 30

Gertrud Höhler

Virtuosen des Abschieds

Neue Werte für eine Welt im Wandel

112 Seiten, gebunden, mit Schutzumschlag

Werte: Das sind Standards für unseren Umgang mit der Welt. Sie sichern uns ein Vorverständnis von der Welt und lehren uns, den eigenen Platz in dieser Welt zu verstehen. In den Stromschnellen des Wandels gleicht dieser Platz aber einem schwankenden Floß, das wir durch wechselnde Wasser steuern müssen. Schneller als gewünscht lösen die Aufgaben einander ab; wir brauchen flexible Strategien, um unseren Weg richtig zu bestimmen. »Wertepluralismus« bestimmt die Demokratie. Wer hier noch Halt finden will, muß den Wandel zum eigenen inneren Prinzip machen: »Innerer Pluralismus« ist zur Konfliktstrategie vieler Verantwortlicher geworden. Die Auseinandersetzung ist damit keineswegs beendet: Starre Wertkonzepte der Vergangenheit werden noch immer verteidigt gegen die flexiblen Wertstrukturen der neuen Jugend. Der Wert als Waffe: ein traditionelles Kampfmodell auf dem Felde der Alltagsmoral. Die Wegwerfgesellschaft antwortet solchen Wertbesitzern auf ihre Weise. Ballast abwerfen, heißt die Devise der jungen Akteure. Daseinstechnik statt sittlicher Norm, das ist ihre Antwort auf die ethischen Langfristkonzepte der Voreltern. Mit ihrem Mut zur Zukunft sind sie Virtuosen des Abschieds.

ECON Verlag · Postfach 30 03 21 · 4000 Düsseldorf 30

Gerd Gerken

Die Trends für das Jahr 2000

416 Seiten, gebunden, Schutzumschlag

Die 90er Jahre beginnen, die Jahrhundertwende steht vor der Tür. Wir befinden uns in einem Zeitalter epochaler Umwälzungen; alle Bereiche – Politik, Wirtschaft und Kultur – sind davon betroffen. Doch keiner weiß so recht, wo's langgeht. Wie sieht die Zukunft der Wirtschaft in unserer heutigen Informationsgesellschaft aus? Was sind die Trends, die das auslaufende Jahrtausend prägen werden? Auf welchen Wertewandel haben sich Unternehmer und Manager einzustellen? Gerd Gerken kann mit seinem neuesten Werk eine kompetente Vorausschau bieten. Die hier veröffentlichten »Trends für das Jahr 2000« spiegeln das beeindruckende Ergebnis seiner langjährigen und erfolgreichen Tätigkeit als Trendbeobachter wider. Überall auf der Welt ist er den aktuellsten Entwicklungen auf der Spur, greift sie auf und eröffnet verblüffende Möglichkeiten für unser eigenes Verhalten.
Topmanager, Selbständige, Unternehmer, Werbeleute, Journalisten, Parteien oder Berater – sie alle können sich von ihm inspirieren lassen. Er zeigt die Wege auf, die »grüne« Ideologie und Fortschrittsglaube verbinden, er analysiert den Einfluß von New Age auf das klassische Management und beschreibt, wie die Welle der neuen Bescheidenheit das Marketing völlig umkrempeln wird. Gerd Gerkens Thesen sind bahnbrechend.

ECON Verlag · Postfach 300321 · 4000 Düsseldorf 30

Michael Lewis

Wall Street Poker

Die authentische Story eines Salomon-Brokers

344 Seiten, gebunden, mit Schutzumschlag

Spannung total – das packendste Buch über die faszinierende Welt der Broker. Es ist die aufregende Story von Michael Lewis, der in den 80er Jahren, da die Börse einen noch nie zuvor erlebten Boom verzeichnet, als Newcomer zu den Salomon Bros. stößt. Er schafft es innerhalb kürzester Zeit vom »geek« – der untersten Charge auf dem Trading Floor – zum »big swinging dick«, zum Bond Salesman. Wie tausend andere Börsen-Yuppies nimmt er den Telefonhörer in die Hand und bewegt mit ein paar Worten Millionen von Dollars. Illegale Tricks scheut er dabei nicht, denn oberstes Gesetz jedes Brokers lautet: Gewinn, Gewinn, Gewinn. Der Kunde steht an letzter Stelle.

Doch wachsende Skrupel und der ungeheure Konkurrenzdruck treiben den Erfolgreichen mit der Zeit finanziell und psychisch in eine tiefe Krise – just zu dem Zeitpunkt, als auch die Börse zusammenkracht. Die Geschichte von Michael Lewis spielt vor dem Hintergrund des Niedergangs einer der traditionsreichen Investmentbanken an der Wall Street. Grobes Mißmanagement, Verpassen wichtiger Trends und Überschätzung eigener Macht auf dem Finanzmarkt waren die Gründe, weshalb Salomon Bros. kurzzeitig die Kontrolle über die auf Hochtouren laufende Geldmaschinerie verloren.

Das Abenteuer vom Aufstieg und Fall des Michael Lewis vermittelt ein eindrucksvolles Bild von der Glitzerwelt und dem Zynismus der Finanzjongleure. Michael Lewis ist der jüngere Bruder von Sherman McCoy aus »Fegefeuer der Eitelkeiten«, wie das amerikanische »Glamour Magazine« schreibt.

ECON Verlag · Postfach 30 03 21 · 4000 Düsseldorf 30